25° 17′ 12″ N 51° 32′ 0″ E

00° 14′ S 78° 31′ W

14° 43′ 55″ N 17° 27′ 26″ W

52° 23′ N 4° 54′ E

51° 30′ 26″ N 0° 07′ 39″ W

35° 42′ N 51° 25′ E

38° 53′ 42.4″ N 77° 02′ 12″ W

51° 29′ N 3° 11′ W

34° 35′ 59″ S 58° 22′ 55″ W

24° 39′ N 46° 43′ E

19° 25′ 10″ N 99° 08′ 44″ W

52° 13′ 48″ N 21° 00′ 39″ E

48° 51′ 24″ N 2° 21′ 08″ E

35° 17′ 35″ S 149° 07′ 37″ E

55° 40′ 34″ N 12° 34′ 08″ E

36° 48′ 03″ N 10° 10′ 48″ E

ROAD TO WORLD CUP

朝世界盃奔馳的人們與他們的國度

足球應許之地

石明謹 著

Contents

山與海之間——西班牙
燃燒的山丘——哥斯大黎加
交響的樂章——德國
再見杜哈——日本
團結於紅之下——比利時
極光之地——加拿大
卡薩布蘭卡——摩洛哥
后翼棄兵——克羅埃西亞
奔放的五星上將——巴西
崩解的王朝——塞爾維亞
白色少女峰——瑞士
非洲縮影——喀麥隆
世界的盡頭——葡萄牙
金色海岸線——迦納
最初的王者——烏拉圭
北緯三十八度線——韓國

作者序

球評是個很獨特的工作，別人在看球的時候，要不停的聽你說話，可能你會比課堂上的老師、教授，更有影響力，因為你想說什麼就說什麼，聽眾沒辦法舉手發問，也不能打斷你，除非他們轉成靜音或是多語播出，但即便是多語播出，還是得聽另外一個人用另外一種語言說話。

有時候跟新的主播搭檔，他們都會怕自己對足球不夠熟悉，我總是會說，沒關係，那不是你的責任，讓觀眾聽懂球賽，是我的責任，不是你的責任。你的工作是把場上的狀況敘述清楚，而我的工作，是讓觀眾覺得足球真有趣，我能夠繼續看下去。

對於戰術的分析、規則的講解、比賽的數據，當然很重要，但是我向來覺得還有一件事情也很重要，那就是「說故事」，真正的運動跟打電動有什麼不一樣？兩者最大的差距是，運動場上每個人、每支球隊、每個國家，都有故事，他們有喜怒哀樂的情緒，他們有高低起伏的人生，看戰術、懂規則，只是賽事分析的一小部分，認識每個人的故事，才是理解足球最重要的事。

同樣是一場零比零的比賽，過程、內容不會相同，對每個人的意義也不同，對每個國家的意義也不同，如果我們只看比賽的結果，那麼足球比賽就只是個數字，如果我們看得更寬廣，那麼足球比賽就是無數人的美麗與哀愁。

所以有時候我可能有點囉嗦，會去聊聊每個國家的歷史，每個球場的地理位置，每個球員的成長背景，甚至是每件球衣的設計理念，因為我一直覺得，如果看足球只是看足球真的很棒，但如果看足球只是看足球，那又太可惜了。

你不會因為看了一場足球賽，聽到球評的講解，就變成戰術高手，當然也不會因為讀了一本書，就變得理解這世界，這本書只是從我的眼裡看見的足球，在別人眼裡又會是不同的風景，內容也許不夠詳盡、不夠華麗、不夠專業，但是我會希望這是一種拋磚引玉，讓大家在看足球的同時，去思考足球背後也許有著更深厚的意義。

當然，如果你只是把這本書當成輕鬆的閱讀小品，只是稍微了解跟足球有關的故事，那也很好，畢竟前面已經說了，足球對於每個不同個體的意義也許完全不同，這本書對於每個人的意義當然也完全不同。

我最渴望的一件事情，就是大家在看待這世界上的每件事物的時候，不管是音樂、藝術、運動，甚至是你日常生活中的一切，都能夠讀出一段故事，我相信這個世界會很美好，生活會非常充實，我們在做任何一件事情的時候，都能找到獨一無二存在的意義。

如果想要看懂世界盃，你可能完全不需要這本書，但是想要看懂世界盃，這本書我相信會對你有所幫助，我想，這就是我期待的，這本書既平凡但又不平凡，希望有人能喜歡。

石明謹

二〇二二年七月十日

海灣獨行俠——卡達

Qatar

25° 17′ 12″ N 51° 32′ 0″ E

飽受質疑的東道主

在世界盃歷史上，從來沒有一個主辦國受到如此規模龐大的質疑，雖然卡達的人均GDP在世界上名列前茅，但是所有人都知道那是因為卡達豐富的石油資源，並不代表它是一個高度發達的經濟體，二〇一〇年世界盃的主辦國南非，也被認為是一個資格不足的主辦國，但至少在足球實力上，南非有座非洲國家盃冠軍在手，也有參加過世界盃的紀錄，同時在打破種族隔離政策後，在南非舉辦世界盃，有著世界邁向和平進步，非洲與世界攜手共榮的大義名份。

然而卡達的問題是更為全面性的。卡達在申辦世界盃舉辦權的時候，手上沒有任何一個像樣的大賽獎盃，在亞洲足壇雖然是成績排名中上的勁旅，但從來沒有在亞洲盃上進過四強，如果是在國際足壇，更是幾乎沒有地位可言，甚至連在友誼賽擊敗強隊的機會也近乎零，由於世界盃的主辦國可以自動進入決賽圈，對於從未打進過世界盃的卡達來說，其實力自然飽受質疑。

在硬體設施上，卡達的公民人數只有三十多萬，雖然名義上號稱有兩百八十萬人口，但實際上多半是來卡達從事採礦、建築，以及大量基礎勞務的移工，因此卡達並沒有足夠的大型運動場館，無法滿足世界盃多達三十二隊的比賽需求，必須重新建造八座以上高容量的足球場，這跟過去世界盃主辦國本身就有足夠的硬體設備與球迷基礎完全不同。

不合天時

卡達的氣候對於舉辦比賽而言，本身就是一大障礙，夏天卡達的平均氣溫高達攝氏四十度，有時甚至會出現超過五十度的高溫，在申請主辦世界盃時，卡達提出了「場館全空調」的方案，也就是所有比賽的場館，都是室內或是開合式屋頂，在比賽時球場使用空調降溫，然而在取得舉辦權之後，卡達卻表示這樣的方案在技術上不可行，首先是付出的成本過高，全部的場館都是封閉式，會增加昂貴的建造費，其次是就算連電費都毫不吝嗇，大手筆的使用空調，也很難將四、五十度的高溫，降到適合人體比賽的溫度。

於是卡達最終並沒有大規模興建室內場館，而是提出將世界盃改到北半球冬季時再舉行的方案，這也是世界盃史上從來沒有的先例，世界各國除了質疑當初卡達憑藉「場館全空調」的謊言取得主辦權，如今不但跳票，還要將比賽時間挪移到十一月、十二月，這與全世界主流足球聯賽的時間衝突，等於各國必須在這段期間暫停聯賽的進行。除了期程安排的煩惱外，更重要的是影響到職業球員的訓練及休整頻率，很可能造成球隊成績下滑，嚴重的話甚至會造成球員受傷，這樣前後不一的賽期處理，自然受到嚴厲的批評。

沒有地利

舉辦世界盃這麼盛大的賽會，其實對於區域的繁榮與足球發展，應該會有一定的幫助，例如在二〇〇二年日、韓世界盃期間，由於比賽時間較為友善，以及鄰國距離接近的媒體效應，包括台灣在內的東亞、東南亞地區，都掀起一波足球熱潮，二〇一〇年首度在非洲主辦的南非世界盃，讓整個非洲為之沸騰，過去非洲曾經有著被視為貧窮、落後的刻板印象，在世界盃順利舉辦之後，整體非洲國家的形象也得到大幅提升。

但是卡達不但跟幾個鄰國，包括巴林、沙烏地阿拉伯等國家之間，一直有著領土糾紛，而且長期以來，位於卡達的半島電視台，一直站在反西方的立場，這也讓過去在兩次海灣戰爭及反恐戰爭中，採取支持美國立場的其他中東國家非常感冒。二〇一七年阿拉伯聯合大公國、沙烏地阿拉伯、埃及與巴林，指控卡達支持極端主義與恐怖主義、破壞區域穩定，紛紛宣布與卡達斷交，這也讓伊斯蘭世界成為國際足壇最後一塊共享榮耀拼圖的計劃，蒙上了一層陰影。

缺少人和

前面提到卡達實質上的傳統阿拉伯裔公民只有三十多萬人，其餘人口多半是來自南亞的印度、孟加拉、巴基斯坦等國的低價勞工，卡達為了達成在二〇二二年完成八座比賽場館的建設，在過去十年引進了更多的建築工人，但是在不到十年的時間內，這些南亞的建築工人，據統計已經有超過六千五百人死於卡達的建設工程之中，這數字顯然過度不合理。

外界推測原因是卡達過度炎熱的氣候，加上施工單位違反勞工權益過度趕工，同時也沒有提供適當的居住及醫療條件，導致國際人權、勞權組織，一再聲稱卡達世界盃是一次「血腥的世界盃」。雖然各國足協並沒有如這些國際ＮＧＯ一樣，直接表明應該抵制這次賽會，但是挪威等國家的球員，也多次在比賽場合中表達應該對卡達舉辦世界盃的勞動條件提出調查，當然最後國際足總表示經過調查後，沒有顯示卡達世界盃的舉辦，有明顯違反人權的嫌疑，但是在輿論上，對卡達的批評聲浪從來沒有平息過，卡達歧視同性戀、限制女性參與運動、禁止飲酒、禁止一夜情等問題，同樣無法受到大部分足球迷的喜愛。

拋開紛擾默默前進

與主辦世界盃的紛擾相比，卡達國家隊實力的進步，則是有著非常明確的軌跡，從二〇〇二年日、韓世界盃之後開始，卡達便有計劃的規劃外籍選手轉籍卡達，並且讓卡達聯賽引進大批的世界級退役選手，如同九〇年代日本Ｊ聯盟剛成立時的作法，包括了阿根廷戰神巴提斯圖塔（Gabriel Batistuta）、法國世界盃鐵衛德塞利（Marcel Desailly）、荷蘭中場大師施耐德（Wesley Sneijder）、西班牙王子勞爾（Raúl）等都曾經效力卡達聯賽，目前執教巴塞隆納的哈維（Xavi）、執教曼城的瓜迪奧拉（Josep Guardiola），也是榜上有名。

二〇〇四年卡達成立了 Aspire 學院，開始大力培養青訓球員，雖然他們陷於人口基數，沒辦法有太多的球員產出，但卡達因此採取菁英制度，把最好的青年球員留在國內，同時建立現代化、科技化、數位化的運動訓練中心，從二〇一〇年開始，卡達的青訓逐漸開花結果，二〇一四年的 U19 亞洲盃，卡達贏得了歷史上首座冠軍，當年在決賽中踢進關鍵致勝球的小將阿費夫（Akram Afif），如今正是整個卡達國家隊最重要的核心。

多管齊下爭取晉級

卡達毫無疑問是世界盃史上戰力最弱的地主國，但是經過超過十五年的發展，似乎有了一絲轉機，藉著全力發展青訓、廣邀球星振興國內聯賽、四處尋找可能歸化的海外選手、加強硬體設備等手段，卡達已經厚植實力，二〇一九年亞洲盃更是一舉擊退日、韓、沙烏地阿拉伯等亞洲傳統強隊，一舉贏得冠軍，這也是卡達足球史上，第一個具有份量的冠軍獎盃，能在二〇二二年世界盃之前奪下桂冠，絕對是重要的翻轉契機。

在海灣國家中的特立獨行，與世界主流價值的格格不入，在足球歷史上乏善可陳的成績單，最終都沒能阻止卡達前進的腳步，甚至在決賽圈的抽籤，看起來都對卡達有利，撇開各種賄賂傳聞、涉及違反人權等議題，在足球的軟硬體發展上，卡達都達到了一個新高度，這對國家將來的發展是好是壞，或許未能立刻有所定論，但在世界盃的足球戰場上能取得什麼樣的成果，卻是值得期待。

高原黃金城——

厄瓜多

Ecuador

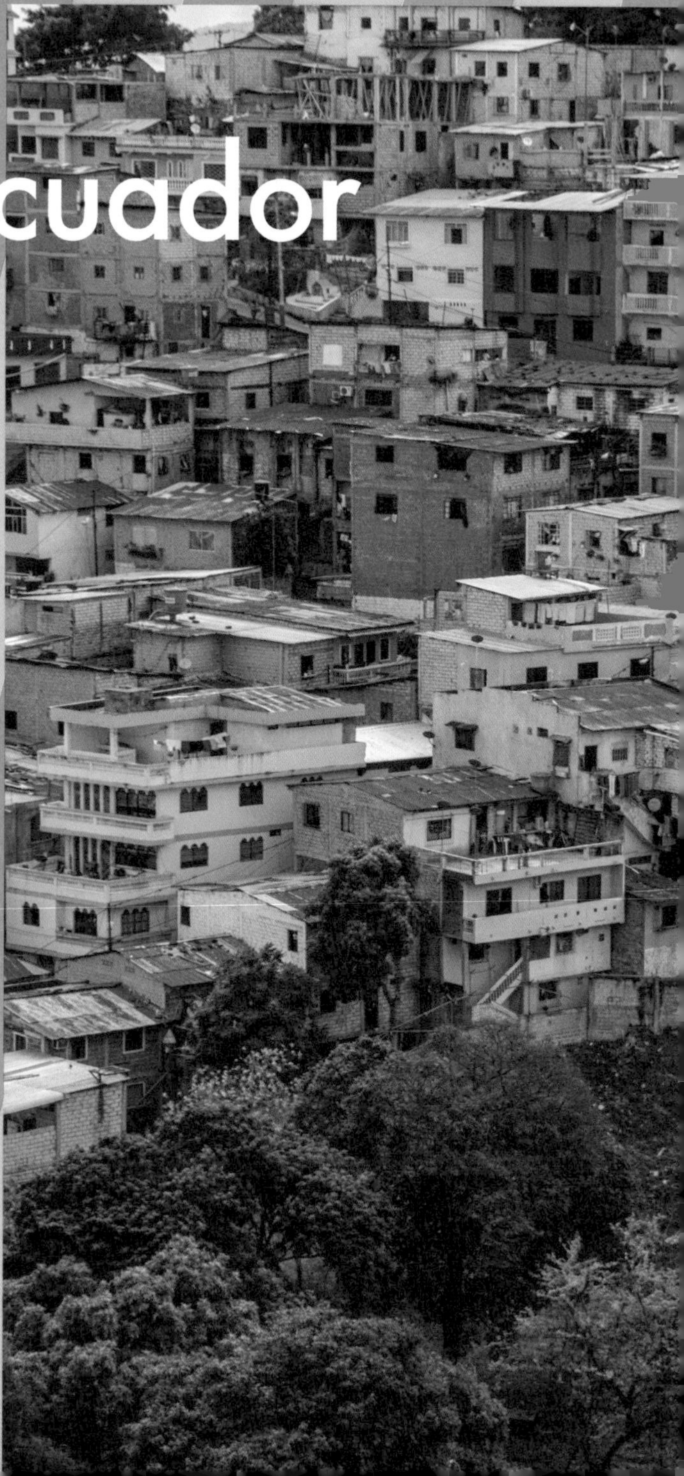

00° 14′ S 78° 31′ W

被遺忘的國度

提起安地斯山脈，你的直覺反應可能會想起印加帝國，那個失落的神秘古老文明，一個充滿黃金與玉米的國度，而提到印加帝國，你可能會連結到秘魯的馬丘比丘，那個高山上的奇蹟之城，其實，厄瓜多同樣是印加帝國的領土，也是最重要的黃金產地之一，在厄瓜多的國旗上有著搶眼的黃色，代表著安地斯山的太陽，同時也是黃金的象徵。

不得不說，這是一個經常被遺忘的國度，不論是在政治上、經濟上，厄瓜多都經常被當成邊緣人，當然也包括了足球，即便一九〇二年足球運動就在這裡生根萌芽，但在足球傳入厄瓜多之後，這個國家並沒有太顯眼的戰績。然而在安地斯山脈以東的巴西、阿根廷、烏拉圭、巴拉圭，卻無一不是在世界盃史上令人熟知的名字，在南美洲，上帝對足球的眷顧，就這樣被陸地上最長的山脈，分隔成兩個世界。

人們不知道的自由盃之王

在二十世紀六〇年代，一個如閃電一般的傳奇，誕生在一個名為安孔（Ancon）的濱海小鎮，他的名字叫作阿爾伯托．史賓賽（Alberto Spencer）。這名有著牙買加血統的前鋒，在場上有著驚人的速度、完美的射門技巧，還有出色的頭球功夫，讓厄瓜多與烏拉圭的足協，都爭相邀請他加入國家隊，連他自己也搖擺不定，他甚至曾經數次更換自己的國家隊球衣，在那個轉換國家條件沒有那麼嚴苛的時代，他分別代表過厄瓜多與烏拉圭的國家隊出賽，最後才又回到厄瓜多的懷抱。

厄瓜多聯賽有一支以向世界第一高峰致敬，命名為珠穆朗瑪峰的球隊（Club Deportivo Everest），史賓賽在這裡開始站上巔峰，隨後被喻為南美第一豪門的佩納羅（Peñarol）網羅，他率領球隊多次參加南美自由盃，有著可怕的進球效率，到目前為止還是南美自由盃史上的進球王，保有五十四球的總進球紀錄。

在贏得南美冠軍後，史賓賽兩次贏得洲際盃冠軍，擊敗的對手分別是歐洲豪門本菲卡與皇家馬德里，他不但對兩大豪門都有進球，在洲際盃歷史上的進球次數，也僅次於大家耳熟能詳的巴西球王比利。

然而，這樣的成就並沒有讓他受到平等的關注，不論是國際足總頒布的歷史經典球星，或是球王比利在FIFA成立一百週年選出的在世百大球星，都沒有他的名字，這引起了許多足壇人士的憤慨。這位被認為是南美史上最偉大的鋒線殺手，只因為他生在厄瓜多，只因為他從未參加過世界盃，只因為沒有在歐洲名門出場過，只因為國際足總是喜歡讚揚那些具有商業利益與知名度的球員，讓世界上大部分的足球迷，沒能認識他的存在，他的名字跟厄瓜多一起，被埋沒在世界足壇的歷史之中。

黃金城的百年孤寂

當人類走入新世紀之際，厄瓜多百年來的努力也終於開花結果，二〇〇一年十一月十四日，他們終於拿到了歷史上第一張進軍世界盃的門票，事前幾乎沒有人預測到厄瓜多可以有這麼出色的表現，畢竟在當時，巴西與阿根廷的地位幾乎不可撼動，烏拉圭與巴拉圭狀態正佳，九〇年代的哥倫比亞更是風光一時，而第一輪的比賽厄瓜多也未能踢出令人耳目一新的成績。

到了南美區資格賽第十一輪，當家前鋒戴爾加多（Agustin Delgado），率領球隊掀起一波反擊，厄瓜多驚奇的擊敗當時如日中天的巴西隊，要知道他們正是後來二〇〇二年世界盃的最後贏家，厄瓜多在最後八場資格賽拿下十五個積分，成功超越巴西排名南美區第二，這是足球傳入厄瓜多滿一百年之後，他們首度達到的成就，填上了那片延宕許久的空白。

開啟旅外的大門

南美進球王史賓賽，因為未能踏上歐洲足壇，而被刻意忽略，直到厄瓜多踢進世界盃，才開啟球員的旅外大門，戴爾加多等八名球員分別在英超幾個中小型球隊效力，而厄瓜多的球員似乎也繼承了整個國家的特色，球場上刻苦耐勞，球場外幾乎不會有太多鎂光燈的關注，其中最知名的球星，當屬安東尼歐・瓦倫西亞（Antonio Valencia）。

瓦倫西亞原本效力於英超的維甘競技（Wigan Athletic Football Club），是一名右翼好手，曼聯在西羅離隊之後，想找一個在右路的替代者，同樣在大曼徹斯特地區踢球的瓦倫西亞，就這樣進入了曼聯的視線，成為第一個效力於世界頂尖豪門球隊的厄瓜多球員。

瓦倫西亞有個有趣的綽號，叫做「不開心」，不管比賽進行的是否順利，他總是一副冷淡的表情，即便是進球了，臉上也不會有任何笑容，讓人覺得，是不是沒有把勝負放在心上，但事實上他如同其他大部分的厄瓜多球員一樣，即使來到歐洲已屬功成名就，卻依然保持勤奮，總是把每一天的工作認真的完成，就如同他們還在安地斯山的高原上，規律刻苦的生活一樣。

新世代重新出發

在二〇〇六年德國世界盃首度踢進十六強淘汰賽之後，厄瓜多的足球也進入重整期，戴爾加多世代逐漸老去，瓦倫西亞只能獨自扛起領導大任。二〇一〇年南非世界盃及二〇一八年俄羅斯世界盃，厄瓜多都未能從世界盃南美區資格賽出線，讓人質疑厄瓜多的足球運動，是否已經回到上個世紀的水準，尤其是二〇一八年世界盃資格賽，厄瓜多在南美區排名第八，僅僅領先從未踢進過世界盃的委內瑞拉與玻利維亞。

然而這次他們已經有了日漸成熟的旅外路線，在十年的拓荒之後，大家都知道厄瓜多的球員實而不華，價格低廉卻兢兢業業，相當受到歡迎，不論是在墨西哥聯賽、西班牙聯賽、英格蘭聯賽，都有為數不少的厄瓜多球員效力，雖然沒有出現亮眼的頂級巨星，但他們帶回的比賽經驗，卻成為了國家隊的重要瑰寶。

這次，厄瓜多證明了在成長的道路上穩步前進，必會得到眷顧，尤其是在資格賽以六比一大勝名將如雲的哥倫比亞，以四比二重挫南美強權烏拉圭，要知道兩隊都是世界排名前十的球隊，沒人敢再輕視這支看起來默默無名，實際上正重新崛起的隊伍，最終厄瓜多以排名第三的成績，再度成為南美區安地斯山脈以西，唯一晉級卡達世界盃的隊伍。

在接近天空的地方追逐

在安東尼歐・瓦倫西亞退役之後，另一個瓦倫西亞——恩納・瓦倫西亞（Enner Valencia），適時崛起成為球隊的旗手，雖然他的國家隊出場數只有七十場，但已經是球隊的老大，而且不論是進球數或領導能力，都受到肯定，二〇二〇年厄瓜多足協更換了他們的徽章，簡潔有力的現代感線條，似乎也象徵他們已經做好準備。兩個不同的瓦倫西亞、兩個不同的三色徽章，同樣走進世界盃的道路，厄瓜多的世代交替已然完成。

在海拔超過兩千八百公尺的主場作戰，被認為是厄瓜多的優勢，但是同樣握有高海拔地勢的玻利維亞、哥倫比亞，卻不如厄瓜多的戰績穩定，可見深厚累積的實力，才是致勝的關鍵。

厄瓜多的國名 Ecuador，在西班牙文中，是赤道的意思，這裡是最接近天空，也最接近太陽的地方，百年來，這些孩子就在這裡追逐著皮球，在曾經滿佈黃金的黃金之城，一步步組建屬於他們的黃金世代。

科拉琴與巴拉風——塞內加爾

Senegal

初試啼聲一鳴驚人

每次世界盃都會有新的隊伍出現，也總有黑馬演出令人眼睛為之一亮，但是第一次出賽就能夠如此風光的，大概只有塞內加爾。二〇〇二年世界盃足球賽開幕戰，擁有世界盃與歐洲盃雙料冠軍在手的法國隊，迎戰首度踢進世界盃的塞內加爾，在眾多球迷的猜想中，將會是一場輕鬆拿下的勝利，沒想到卻反倒成了塞內加爾站上國際舞台的絕佳墊腳石。

比賽第三十分鐘時，塞內加爾一次快速反擊，中場防守大將帕帕・迪奧普（Papa Bouba Diop）出乎眾人意料的出現在中路，接獲左路迪烏夫（El Hadji Diouf）的傳球後，第一次射門被守門員擋下，他倒地順勢再補一腳，成功攻破了法國隊的大門，這是二〇〇二年世界盃的第一顆進球，也是塞內加爾足球史上第一顆世界盃進球，帕帕・迪奧普衝向角球區，脫下自己的球衣放在地上，塞內加爾的球員圍成一圈跳起舞來，這也成了日後塞內加爾經典的慶祝方式之一。

二〇〇二年世界盃的資格賽，塞內加爾被分配到死亡之組，同組的球隊有摩洛哥、埃及、阿爾及利亞以及納米比亞，除了納米比亞之外，其他三支球隊都曾經有拿下非洲國家盃冠軍紀錄，也都曾經有過世界盃出賽經驗，但最終結果竟然是塞內加爾力壓三雄。世人很清楚他們的晉級之路絕非僥倖，但從來沒預料到這批球員竟然如此出色，在首戰擊敗法國之後，塞內加爾不但成為唯一一支進入淘汰賽的非洲球隊，還一路殺進八強，一時之間成為整個非洲大陸的每日頭版頭條。

與法國臍帶相連

塞內加爾的足球與法國脫離不了關係，從十九世紀中葉法國控制西非洲的海岸起，這裡就逐漸成為西非法國人的政治、經濟中心。法國為了加強對塞內加爾的控制，實行了法國同化政策，一八四八年法國規定部分地區的塞內加爾人可以享有法國公民權利，一九一四年塞內加爾的代表成為法國議會中的第一位黑人議員，法國選出了大批塞內加爾公民至法國留學，並在當地設立法國學校，使得塞內加爾成為非洲法國文化的傳播中心。

獨立之後塞內加爾依然與法國維持不錯的關係，同時塞內加爾的足球發展也與法國息息相關，因為語言相通，法國甲級聯賽往往是塞內加爾足球員前往歐洲的第一站。由於曾經是法國殖民地，如果父母是在獨立之前出生，塞內加爾人可以在兩個國籍中自由選擇，許多塞內加爾球員，不但在法國聯賽踢球，最終甚至選擇為法國國家隊效力。

一九九八年法國贏得世界盃時，中場的核心維耶拉（Patrick Vieira），便是在塞內加爾出生長大，卻效力於法國國家隊，前AC米蘭知名後衛伊布拉欣・巴（Ibrahim Ba），也是同樣的例子。當然，也不乏完全相反的例子，例如前英超紐卡索的前鋒登巴・巴（Demba Ba），就是在法國出生長大，卻代表塞內加爾國家隊出賽，法國與塞內加爾足球彼此緊密相連，也讓塞內加爾與法國在世界盃的初相遇，更加具有戲劇效果。

人才大爆發

在二〇〇二年踏進世界盃之前，其實塞內加爾就迎來了足球人才大爆發的榮景，隨著法國贏得一九九八年世界盃，法國甲級聯賽受到世人的關注，大批效力於法國聯賽的塞內加爾球員，也因此得到展現實力的機會，其中以效力於朗斯（Lens），年僅二十歲的天才邊鋒迪烏夫最為知名，他在二〇〇一年奪下了非洲足球先生的頭銜，歐洲各大豪門原本就對他垂涎三尺，憑藉世界盃對法國之役的出色表現，迪烏夫在隔天就與隊友迪奧（Salif Diao），同時宣布將轉會到英超利物浦，他也成為繼喬治・韋亞（George Weah）之後，第二位能夠蟬聯非洲足球先生的球員。

其他的塞內加爾球員也陸續轉戰歐洲各大聯賽，帕帕・迪奧普、阿利烏・西塞（Aliou Cissé）、法伊（Amdy Faye）、卡馬拉（Henri Camara）等人，更是跟隨迪烏夫的腳步，大舉進軍英超，法甲同樣有更多球隊引進塞內加爾球員，一時之間彷彿塞內加爾就是非洲足球的代表，在九〇年代由奈及利亞所掀起的非洲球員熱潮，一瞬間通通轉移到了塞內加爾身上。

如流星瀑布般的墜落

塞內加爾墜落的速度，跟崛起的速度一樣驚人，塞內加爾在結束世界盃賽事之後，曾經旋風造訪當時還與塞內加爾有邦交之誼的台灣，原本與塞內加爾商議在中山足球場進行一場表演賽，到現場才發現塞內加爾球員穿著西裝，在場邊行走一圈隨即離去，讓慕名而來的大批觀眾一陣錯愕，在此之後更傳出了塞內加爾球員在台灣飲酒召妓等醜聞。

被譽為是進入二十一世紀之後，非洲最偉大天才足球員的迪烏夫，在加盟利物浦之後，狀態如斷崖式下滑，被形容為利物浦歷史上最大水貨之一，不但進球效率低下，還因為對對手球迷吐口水而遭到禁賽，在國家隊的表現也不如以往，在出戰非洲國家盃時，也因為辱罵裁判被禁賽四場，利物浦只能忍痛將他認賠賣出，結果他到了英超博爾頓之後，一次對一名十一歲的小球迷吐口水，一次對樸資茅斯隊長吐口水，再度遭到禁賽處分。

迪烏夫的失序行為並沒有因為禁賽而停止，在不久後即因為酒後駕車而被禁賽十二個月，年僅二十四歲的迪烏夫幾乎從此斷送了自己的足球生涯，在之後幾次轉隊，也不斷的陷入場內故意惡意犯規紅牌、場外與人飲酒鬥毆的問題。二〇〇九年他再次因為發表種族歧視言論，而被布萊克本釋出，雖然這些是迪烏夫的個人行為，但卻似乎是一種傳染病，在二〇〇二年的風光之後，塞內加爾足球實力迅速衰退，球員也因為場內外的各種問題飽受抨擊，三年之後幾乎沒有歐洲豪門願意雇用塞內加爾球員，他們也開始遭遇長達十六年無法踢進世界盃的困境。

失落的世代重新爬起

塞內加爾在二〇〇二年的精彩演出，是標準的曇花一現戲碼，塞內加爾的足球，從此沒有任何足以誇耀的戰績，直到二〇一五年，現任總教練阿利烏西塞上任，一切才有所好轉，而他正是二〇〇二年那支奇蹟之隊的隊長。在二〇〇二年世界盃結束後的九月，塞內加爾發生了震驚世界的朱拉號船難（Le Joola），造成了一千八百六十三人死亡，阿利烏西塞的十二名家人，也都在這艘船上遇難，他的職業生涯也同樣在該年世界盃之後遭遇嚴重挫敗，在身體傷病不斷的情況下，只能早早離開英超。

失去家人與提早結束足球生涯的雙重打擊，反而讓西塞更加堅強，他在回到塞內加爾之後，執教青年隊重新培養青少年足球員，在接手國家隊之後，整個國家隊陣容也日趨完整，進攻線上有非洲足球先生馬內（Sadio Mané），後防有世界級中後衛庫利巴利（Kalidou Koulibaly），更有著非洲球隊少有的出色門將門迪（Édouard Mendy），他們在二〇一八年終於重新回到世界盃的戰場，二〇一九年踢進非洲國家盃決賽拿下亞軍，二〇二一年更是一舉奪下冠軍，二〇〇二年並不是塞內加爾的巔峰，現在才是。

科拉琴（koras）是一種直立式的二十一弦琴，巴拉風（balafons）是一種敲擊木琴，它們都是流行於西非的樂器，「彈起科拉琴，敲起巴拉風」（法語：Pincez tous vos koras frappez les balafons）是塞內加爾國歌，由他們的第一任總統，同時也是著名詩人利歐波德・桑哥（Léopold Senghor）作詞，而現在的塞內加爾足球，在奇蹟世代的老隊長帶領下，正如歌詞中所述的，在科拉琴與巴拉風的樂聲中，一起跳躍起來，驅散黑暗。

橙色血脈——荷蘭

Netherlands

進攻足球的顏色

這是一支從來沒有贏得過世界盃冠軍的球隊，但是在足球領域，沒有人會忽略荷蘭的存在，如果沒有荷蘭，足球的歷史將會是黑白的。對於一般人來說，血液本應是紅色，對於荷蘭足球員來說，血液卻是橙色，這是進攻足球的顏色，比紅色更豔麗，也更澎湃，足球的世界猶如海洋一樣廣闊，但惟有荷蘭，能夠掀起一波又一波的浪潮。

一六三七年在荷蘭發生了知名的「鬱金香狂熱」（Tulpenmanie），這是世界上第一次大規模的泡沫經濟事件，當時歐洲大眾在荷蘭瘋狂搶購鬱金香球根，導致價值瘋狂飛漲，不過很快的就變成一場鬧劇，鬱金香的價格一夕暴跌，甚至不到高峰期的百分之一，許多人因此破產，荷蘭人遭到各界的冷嘲熱諷，一度對於鬱金香非常厭惡，但也因為鬱金香狂熱事件，荷蘭的花卉事業蓬勃發展，後來成為歐洲乃至世界的主要出口國，而鬱金香本身的高雅與獨特，也讓它成為荷蘭的國花，而荷蘭足球的橙色，正是來自鬱金香。

蟄伏一甲子的躍起

比起其他赫赫有名的足球強權，荷蘭足球的起步雖然早，卻成長得非常緩慢，皇家荷蘭足球協會早在一八八九年就已經成立，同時也是一九〇四年國際足總的創始會員之一，可是一直沒有什麼亮眼的成績。相較於其他國家，荷蘭足球運動的職業化進程也來得非常晚，一直到一九五六年，荷蘭才成立了職業聯賽，而且薪水非常低廉，荷蘭知名的天才邊鋒皮特・凱澤（Piet Keizer），甚至要兼任西裝裁逢師才能維持生計。

一九一五年荷蘭知名的足球隊阿賈克斯（Ajax），聘請了一位來自英格蘭的教練雷諾斯（Jack Reynolds），當時他產生了一個大膽的想法，那就是為什麼後衛球員只能踢後衛，前鋒球員只能踢前鋒，而不是可以隨時踢不同的位置？當然，這樣的想法在當時也只是個茶餘飯後的趣談，因為根本不太可能找到這樣全能的球員。

一九四七年雷諾斯退休，他在前後執教阿賈克斯的二十七年間，為球隊帶來八座聯賽冠軍及一座荷蘭盃冠軍，但他留下的真正遺產，卻是指導了影響未來世界足壇的米歇爾斯（Rinus Michels），而就在雷諾斯退休的同一年，克魯伊夫（Johan Cruijff）出生，這三代人之間的聯繫，成了足球歷史最偉大的篇章。

真正的天才誕生

身為雷諾斯弟子的米歇爾斯，在心裡深處繼承了師父「全能足球」（Total football）的想法，他在一九六五年接手阿賈克斯的教鞭，發現球隊中年僅十七歲的克魯伊夫，就是全能足球完美的詮釋者，他有驚人的速度與盤帶工夫，可以進球也能助攻，傳球視野廣闊，必要的時候能夠參與防守，不論前鋒、中場、後衛，他都能夠勝任。米歇爾斯發現在克魯伊夫身上，全能足球是可行的，因為他是真正的天才，而這個真正的天才，可以創造一個不是只有他全能的體系，正因為他的全能，所以可以讓其他球員也能放心自由的跑動，完成真正的全攻全守。

這是荷蘭足球的第一次高峰期，也是足球永遠的高峰期，你現在看到的後衛兩翼齊飛、中場後插上攻擊、前場的交換跑位，都是全能足球的影子。在進攻時所有人都要參與進攻，防守時所有人都要參與防守，在米歇爾斯的球隊裡沒有所謂前鋒、中場、後衛的分別，這樣的觀念一直到現在都影響著現代足球的發展，後來米歇爾斯跟克魯伊夫先後到了巴塞隆納，同樣創造了後來巴塞隆納的輝煌。

前仆後繼的攻擊足球

荷蘭的全能足球，為足球帶來絕佳的觀賞性，你一定會為球場一波接一波的進攻而興奮不已。一九七四年、一九七八年荷蘭兩度拿到世界盃亞軍，功虧一簣令人惋惜，而隨著克魯伊夫的退役，也迎來一陣黑暗期，連續兩屆世界盃，荷蘭都未能晉級，然而荷蘭建立的青訓系統開始發光發熱，許多荷蘭球員在十年之後，開始成為歐洲足壇的骨幹，而來自荷蘭的球員，不論踢那個位置，都洋溢著進攻的渴望與才華。

一九九〇年代，荷蘭三劍客古利特（Ruud Gullit）、范巴斯頓（Marco van Basten）、里卡德（Franklin Rijkaard）效力義大利ＡＣ米蘭，站上歐洲之巔，開啟第二個黃金世代，再度讓世界為之瘋狂，接下來又陸續出現柏格坎普（Dennis Bergkamp）、克魯伊維特（Patrick Kluivert）等天才，但是在世界盃上荷蘭不斷碰到難以跨越的瓶頸，在一九九八年世界盃倒在四強後，又再度成為強弩之末，整個世代又推倒重來。

第三個荷蘭黃金世代以施耐德（Wesley Senijder）、范德法特（Rafael van Der Vaart）、羅本（Arjen Robben）、范佩西（Robin van Persie）為核心，在歷經三屆的世界盃征戰後，最後的結局卻是三度拿下悲情的亞軍，世界足壇都在學習荷蘭的足球哲學，歐洲各大豪門都爭相引進來自荷蘭的青年才俊，但最後荷蘭依舊在最後關頭倒下，但是他們的足球從未讓世人失望，他們執著的用進攻的浪潮來詮釋足球的內涵，用全場的狂奔來成就足球的美麗，前仆後繼的用他們橙色的血脈，為世界足壇填上色彩。

第四代的衝擊

在連續兩屆踢進四強後，荷蘭隊再度進行大換血，二〇一八年世界盃未能晉級或許讓部分球迷感到失望，但是名帥范加爾（Louis van Gaal）第三度回鍋掌舵國家隊，在二〇二二年世界盃資格賽贏得亮眼成績，雖然首戰出師不利以二比一小負土耳其，但接下來的比賽卻漸入佳境，在主場以六比一擊潰土耳其報了一箭之仇後，荷蘭隊在小組以第一名出線，已經沒有太大的疑慮，最後荷蘭終於再度擠身世界盃的行列。

現在這支荷蘭隊的年齡結構，或許是過去二十年來最好的一次，坐鎮後防線的天王范戴克（Virgil van Dijk）也剛滿三十歲，中場的核心德容（Frenkie de Jong）年僅二十五歲，二十出頭的好手也已經在國家隊佔有一席之地，即便這次世界盃未能奪冠，在四年後整支球隊都還有很強的競爭力，更何況在世界盃資格賽結束後，整個荷蘭隊的狀態非常出色，尤其是那種瘋狂進攻的球風，往往令對手難以招架，那個讓球迷目不暇給的荷蘭隊又再度出現。

何謂全能

其實在中文的世界裡，很難光用「全能足球」四個字，來形容英文的「Total football」，你會以為每個球員都技術出色、能攻擅守，就是所謂的全能，其實不然，其真正的意涵應該是，場上的十一個人同時進攻，十一個人同時防守，沒有任何一球是你可以置身事外的，場上每個人都必須是天才，但是這些天才，不能各自為戰，必須緊密的結合成一個整體，在任何必要的時刻，你就應該出現在必要的位置，這就是「Total football」的精神，這樣的思想本應實踐在任何一種足球的戰術理念之中，但只有荷蘭人，一路堅持將這樣的足球美學貫徹到底。

這也是為何荷蘭的足球總在最華麗的時候倒下，卻又在即將化為灰燼的餘火中重生，因為他們身體流淌著一股橙色的熱血，總是在追逐一個共同的夢想，這就是他們爬起來繼續奔跑的力量，因為全能足球從來不只是個足球名詞，而是一群人代代相承的血脈，是那盛開不斷的鬱金香。

BODY WORLDS
BODY WORLDS

足球從未離家——英格蘭

England

獨一無二的FA

人類已經有數千年用腳踢東西當成遊戲的歷史，但是提到「現代足球運動」，毫無爭議的發源自英國。英格蘭足協成立於一八六三年，當時是世界上第一個組織性的足球團體，同時間也起草了最早的足球規則，由於是世界上第一個「FA」（Football Association），沒有任何其他地方有FA組織，所以前面並沒有加上所屬的國名或地名，因此，當你稱FA的時候，指的就是英格蘭足協，也就是England FA，這個是屬於英格蘭獨一無二的稱謂。

國際足總剛成立的時候，由於英國人認為足球是由他們發明的，就算要成立國際足球組織，也應該是由英國人來主導，對於法國人所發起的國際足總，身為足球發源地的英國對此興趣缺缺，而國際足總想要爭取英國加入，才能擴大在國際上的影響力，他們不得不對兩件事情進行妥協，第一是關於英格蘭足球協會、蘇格蘭足球協會、威爾斯足球協會和愛爾蘭足球協會，由於他們成立的時間比國際足總更早，而且英國並沒有統一這四個協會的單位，國際足總必須接受這四個協會各自以獨立的方式加入國際足總。

其次是在足球發展初期，英國四個國家之間的規則不盡相同，所以他們在一八八六年成立了由四國足協共同組成的ＩＦＡＢ（International Football Association Board），修改並制定共通的足球規則，國際足總必須承認並使用ＩＦＡＢ所制定的規則，隨後在一九〇五年英格蘭加入國際足總、一九一〇年蘇格蘭與威爾斯加入、一九一一年愛爾蘭足總最後加入，一九一三年國際足總也加入了ＩＦＡＢ的運作，整個國際足壇的架構大致完成，行政事務由國際足總負責，而比賽規則的制定，掌握在英國四大足協手上。

屢次退出國際足總

英格蘭在一九一五年首度退出國際足總，因為當時一次大戰結束，英國認為應該禁止戰敗的同盟國參與國際足總比賽，但是國際足總依舊接納了戰敗國的會籍，於是英格蘭與蘇格蘭、威爾斯、愛爾蘭一起退出國際足總，一九二四年英格蘭態度軟化，又重新回到國際足總，一九二八年英格蘭因為對於職業球員的認定與國際足總發生衝突，英國再度憤而退出國際足總，因而錯過了一九三〇年、一九三四年、一九三八年這三屆的世界盃。

二次大戰結束之後，英格蘭第三度加入國際足總，而國際足總的善意回應是將德國與日本逐出國際足總，也算是彌補了在一次大戰後，沒有回應英國請求所產生的齟齬。重返國際足壇的英格蘭發現各國的足球實力進步飛快，局勢已經不容英格蘭妄自尊大，一九五〇年第一次參加世界盃的英格蘭甚至無法從小組賽出線，這也讓英格蘭人真正產生了危機感。

足球回家了

英格蘭連續三屆世界盃的表現都極為糟糕，身為足球祖國，又擁有世界上最早的職業聯賽，英格蘭不論在球員能力上或是整體戰術上，都應該佔有優勢，沒想到想在國際比賽贏得勝利竟是如此困難，英格蘭也意識到必須要迎頭趕上，便委託拉姆西（Alf Ramsey）擔任總教練，並進行一連串的改革，包括了全面使用了世界流行的四後衛，以及邊翼進攻的踢法。

適逢英格蘭一群出色的足球巨星在此時出現，包括了隊長摩爾（Bobby Moore）、天才射手格里夫斯（Jimmy Greaves）、偉大的守門員班克斯（Gordon Banks），當然還有在慕尼黑空難倖存的曼聯傳奇查爾頓（Bobby Charlton）。一九六六年的夏天，世界盃首度在足球發源地舉辦，英格蘭以小組第一進入淘汰賽，再接連擊敗阿根廷、葡萄牙，最後來到決賽迎戰西德隊。

英格蘭與西德在比賽中互有領先，比賽結束時雙方以二比二進入延長賽，延長賽中英格蘭前鋒赫斯特（Geoff Hurst）梅開二度，贏下了英格蘭歷史上唯一的一座大賽獎盃。赫斯特在這場比賽中演出了帽子戲法，他也是世界盃歷史上唯一在決賽攻進三球的球員，雖然決賽曾經有過皮球是否越過球門線的爭議，由於當時的科技也無法準確判斷，縱使現在能夠判斷，對於比賽結果也不會有任何幫助，唯一的事實是，當時這場勝利，讓英國人有一種「足球回家」的感覺，畢竟這是英國人發明的運動，同時也曾經是世界上獨一無二的霸主。

光榮的一刻永久停止

除了一九六六年世界盃曾經有過這麼一瞬間，讓世人覺得英格蘭好像是足球強國之外，英格蘭沒有贏過任何一次大賽，即便是歐洲國家盃，英格蘭也不曾拿下冠軍，但是每一屆賽事，大家都有一種英格蘭陣容陣容完整、眾星雲集，到了關鍵賽事永遠贏不下來的印象，好像英格蘭足球的美好就停留在一九六六年的那一刻。

一九八六年英格蘭出現了羅博森（Bryan Robson）、李納克（Gary Lineker）、霍德爾（Glenn Hoddle）、希爾頓（Peter Shilton），前中後的陣容完整，但是卻敗在阿根廷馬拉度納（Diego Armando Maradona）的上帝之手，以及連過六人的瘋狂進球之下。一九九〇年天才加斯科因（Paul Gascoigne）出現，再度在世界盃上受到期待，結果四強賽輸給了西德，隨後加斯科因敗給了酗酒及吸毒兩大敵手，再度結束英格蘭又一次的黃金世代。

英超盛世好手如雲

進入二十一世紀之後，英格蘭超級聯賽不論在比賽內容或是觀眾人數上，開始獨霸全球，歐文（Michael Owen）、希勒（Alan Shearer）、貝克漢（David Beckham）、傑拉德（Steven Gerrard）、蘭帕德（Frank Lampard）、魯尼（Wayne Rooney），這些名字都是大家耳熟能詳、享譽全球的好手，而且在俱樂部都有非常出色的演出，但是奇怪的是，只要到了國家隊，這些好手就無法表現出平常的身手，或是在關鍵時刻出現要命的失誤。

不論是西班牙、義大利、德國國家隊，在俱樂部表現出色的球員，到了國家隊也不會有太大的落差，只有英格蘭的球員，在聯賽中與國際賽，出現很大的不適應，原因首先是因為英超球隊財力雄厚，可以用收購球員的方式，彌補場上陣容的不足，因為太容易用金錢去滿足球隊的需要，這些球員到了陣容肯定會有缺陷的國家隊中，就很難去調整自己跟其他球員配合。另外就是英超的外援數量世界第一，世界各國好手對於英格蘭的球風及球員特性都非常熟悉，英格蘭的球員沒有任何秘密可言，這也讓他們在應對上處於被動，最後是英超待遇非常優沃，部分球員在職業聯賽的拼勁反而遠高於在國家隊。

英格蘭就是足球的家

英格蘭是足球的發源地，同時也保留了許多足球賽的傳統，英格蘭超級聯賽是全世界最受歡迎，收入也最高的聯賽，同時也是外國選手效力人數最多的聯賽，英格蘭的足球風氣依然是全球最盛，球迷的投入與參與度最高，當然，包括過去曾經留下許多不名譽紀錄的「足球流氓」，也是英格蘭足球為人所熟知的一部分，單純計算奪冠次數，並不能反應一個國家對於足球的狂熱程度，雖然「足球回家」被當成是嘲諷英格蘭國際賽戰績的用語，但是事實上，若是單以足球在人民心目中的地位、在生活中的比重而言，足球從來沒有離開過英格蘭，在這點上，英格蘭依舊是足球的家，依舊是世界冠軍。

光與火的故鄉——

伊朗

Iran

古老不滅的信仰

伊朗在歷史上曾經是文明古國波斯的所在地，這裡曾經誕生過一個古老的宗教，歷史比基督教與佛教更悠久，那就是「祆教」，也有人稱拜火教、白頭教、火神教或是索羅亞斯德教（Zarathustra），祆教崇拜火與太陽，主張善惡二元論，同時也建立一神理論，現在雖然已經非常少人信奉祆教，但是許多教義往西影響了後來的基督教，往南影響了印度，往東則是影響了東亞許多信仰與儀式。

在伊朗地圖的正中央，有一個名為亞茲德（Yazd）的小鎮，這裡依然保有著古老的祆教廟宇，據說這裡供奉的聖火，已經超過一千五百年沒有熄滅過，伊朗在全面伊斯蘭化之後，僅存的少數祆教被視為異端，受到排擠與攻擊，事實上伊朗很多民間習俗依舊保留祆教精神，建築風貌也有許多代表光明與善的火炬圖騰，成為伊朗人文化的一部分，哲學家尼采的名著「查拉圖斯特拉如是說」，便是假藉祆教改革者索羅亞斯德之名的作品。

異教徒的遊戲

伊朗在十八世紀後屢次受到入侵，其中被俄羅斯佔據了大片領土，英國勢力進入中東後，兩國為了避免德國勢力進入，協議瓜分波斯，俄羅斯擁有北部的管轄權，英國掌握南部，只留下一部分中部的卡扎爾王朝領土，做為兩國的緩衝帶。一八九八年足球第一次出現在伊朗，當時由英國駐紮在當地的居民與其他外國人進行比賽，一九〇七年來自英國的水手與碼頭工人甚至組織起了小型聯賽，一些伊朗工人開始加入其中，但是因為足球被認為是屬於一種「異教徒的慶典儀式」，這些參與足球運動的伊朗人，甚至會遭到襲擊與毆打。

隨著外國人在伊朗成立的俱樂部越來越多，也開始有更多伊朗人對足球產生興趣，在英國工廠上班的伊朗工人，以及在英國軍隊中服役的伊朗籍士兵，終於試著建立屬於伊朗人自己的球隊。一九二〇年伊朗人與英國人共同成立了伊朗足球協會（Majmaa-i

Football-i Iran），在同一年，一位名為薩達吉亞尼（Hossein Sadaghiani）的少年，前往土耳其學習足球，他加入了費南巴切（Fenerbahçe）的青年隊，後來前往比利時踢球，可以說是伊朗足球史上第一位旅外的足球員，不過他並沒有為伊朗國家隊出賽過，因為伊朗直到一九四一年才成立國家足球代表隊，一九四八年才加入國際足總，伊朗從足球誕生到加入國際舞台，整整花了五十年。

三十年後的快閃之旅

伊朗參與足球國際賽的起步非常晚，但是進步非常神速，只用了二十年的時間，伊朗就在一九六八年到一九七六年的亞洲盃實現了可怕的三連霸，這個黃金陣容包括了前鋒賈巴里（Ali JabBari）、中場卡拉尼（Hossein Kalani）等好手。一九七八年伊朗在傳奇前鋒賈哈尼（Ghafour Jahani）、天才中場帕文（Ali Parvin）等人的帶領下，首度踢進世界盃，伊朗毫不意外的在小組賽一勝難求，提前打包回國，但是這次世界盃之旅，可說為伊朗足球實力前進世界開啟了希望。

可惜世事難以預料，原本以為三十年的生聚教訓正要開花結果，此時卻爆發了兩伊戰爭，伊朗先是退出了一九八二年世界盃，之後又被國際足總取消了一九八六年世界盃的參賽資格，等於十二年無法挑戰世界盃，這對伊朗的足球發展來說，可說是遭遇一次重挫，整個國家隊元氣大傷，雖然他們還是參加了亞洲盃的比賽，但重要性與世界盃不可同日而語，而且從此之後，伊朗在亞洲盃也失去了統治力，再也不曾奪下冠軍獎盃。

天神降臨

一九九三年有一位身高一百九十二公分的大個子加入了伊朗國家隊，當時他已經二十四歲，以足球運動來說，這個年齡不算年輕，在此之前，他都在業餘的聯賽踢球，之所以會到這個時間才加入國家隊，是因為他在謝里夫科技大學（Sharif University of Technology）完成了材料工程的學位之後，才開始專心踢球，沒想到這個名為阿里戴伊（Ali Daei）的青年，對於國際足壇來說，簡直就是天神降臨。

一九九六年亞洲盃，伊朗在八強淘汰賽碰上亞洲一哥韓國隊，上半場結束時韓國以二比一領先，沒想到下半場風雲變色，阿里戴伊個人就獨進四球，最後伊朗以六比二大勝韓國隊，對於以防守強悍聞名的韓國隊來說，這個比分太不可思議，阿里戴伊也以八個進球拿下該屆亞洲盃進球王，挾著這股餘威，在一九九八年世界盃資格賽的小組賽，伊朗在小組賽的六場比賽中，攻進近乎瘋狂的三十九個進球，雖然在亞洲區附加賽中敗給日本，但是在跨洲附加賽時，以淨勝球的優勢，擠下澳洲，時隔二十年再度挺進世界盃。

對伊朗人來說，一九九八年世界盃小組賽伊朗對戰美國，是史上最偉大最重要的一場比賽，當時的國際政治情勢，美伊兩國正處於對立狀態，伊朗在小組賽被淘汰，唯一的勝利就是以二比一擊敗美國，雖然在足球場上只是微不足道的結果，但是卻大大振奮了伊朗人的士氣，這也是伊朗在世界盃史上的第一場勝利，帶有極大的意義，這也讓足球在伊朗人心目中有了更崇高的地位。

阿里戴伊在世界盃結束後，輾轉去了德國的拜仁慕尼黑、柏林赫塔等球隊，雖然沒有留下出色的成績，但是成為伊朗球員在德甲效力的開路者，馬達維基亞（Mehdi Mahdavikia）的職業成績比阿里戴伊更出色，在漢堡隊可說是不動的主力，哈希米安（Vahid Hashemian）與卡里米（Ali Karimi）也都在德甲效力，同時比阿里戴伊留下更漂亮的數據，但是在國家隊，阿里戴伊是獨一無二的英雄，他所留下的一百零九個國家隊進球的世界紀錄，一直到二〇二一年才被葡萄牙天王西羅所打破。

世代傳承的火苗

伊朗足球在亞洲的發展可以說是後發先至，屬於相當成功的例子，其中身材上的優勢佔了很重要的因素，伊朗人比起其他的亞洲民族，身材較為高大，性格也更為兇悍，在亞洲區的比賽當中，經常會看到其他球隊面對伊朗的身體衝撞時，顯得不知所措，但這也是伊朗在國際大賽中的弱點，平常對亞洲球隊佔盡優勢，碰上一樣身體強壯的歐美球隊時，反而是腳下技術比不上對手，這種落差是伊朗屢次衝出亞洲，在世界盃卻顯得毫無招架之力的主因。

伊朗在足球史上的三個世代，從一開始的純本土陣容，到阿里戴伊的德國風潮，現在則是百花爭鳴，工兵型的隊長哈濟沙菲（Ehsan Hajsafi）於希臘踢球、在歐冠進球最多的伊朗球員阿茲蒙（Sardar Azmoun）效力過俄羅斯的澤尼特與喀山魯賓、國家隊進球機器塔雷米（Mehdi Taremi）是葡萄牙豪門波圖的絕對主力、天才攻擊手賈漢巴許（Alireza Jahanbakhsh）則是成名於荷甲及英超，伊朗基於許多宗教及政治上的理念，不像許多國家引進歸化球員來增加實力，必須依靠大量旅歐球員，帶給伊朗更多的對抗性及比賽經驗。

伊朗的足球就如同他們對太陽與火的崇敬，有種難以形容的霸氣與堅持，縱使曾經遭到不同的阻礙，還是會一代接一代的傳承下去，不會讓火苗熄滅，只會傳播擴散到更多地方，為未來帶來更多的光明。

再次偉大——美國

U.S.A.

刻板印象中的偽弱隊

美國作為全球綜合實力的第一強國，不論在經濟、軍事上，都領先全球，甚至在運動上也是超級強國，每屆奧運會都是奪牌大國，國內更有著棒球、籃球、美式足球、冰上曲棍球等四大職業運動，但是很多人都會有這樣的疑問：「美國的國力及運動實力這麼強，為什麼足球運動這麼弱？」其實這完全是一個錯誤的命題，因為美國的足球運動，一點都不弱。

先不說美國的女子足球長期佔據世界第一，男子足球的世界排名最高曾經到達世界第四，排名最低只有第三十六，如果以穩定度來說，絕對可以排在世界前十五名以內，有人認為這是因為美國位處強敵較少的中北美洲及加勒比海區，比較容易拿到積分，但其實美國的平均排名，還高於大家普遍認為的足球強國墨西哥。不管怎麼說，光用刻板印象來認定美國的足球實力很弱，是絕對不成立的，正確來說，應該是美國的足球實力，在全球的競爭力，遠不如美國四大運動，但比起大部分的國家而言，美國的足球實力其實並不差。

美國足球比你想的更早

早在十七世紀，在北美的英國殖民地，就已經帶來在英國非常流行的原始足球運動，十八世紀初美國的大學普遍學習英國的伊頓公學體制，也把足球運動帶到高等校園之中，但這個時候還是橄欖球與足球尚未分家的時候，等到英式足球與美式足球逐漸獨立之後，美式足球就在校園運動賽事之中佔了上風，而美國的校園是運動文化的主力，跟歐洲以俱樂部及地方工人團體為主不同，因而限制了足球往後在美國的發展。

美國的足球不如其他運動普及，有一定的歷史因素，首先是美國人在獨立過程中，有一種排斥歐陸傳統的心理，希望創造出屬於美國人的新文化，就算是繼承自歐洲的運動，也要發展成美國人獨有的特色，例如棒球、籃球、美式足球，都是從原先既有的運動，改變成美國的樣子，套一句常用的說法就是：「美國人有美國人的玩法。」

早期的發展停滯

美國在一九一三年就成立了足球協會，並且在隔年加入國際足總，還參加了一九三〇年的首屆世界盃，在僅有十三隊參賽的情況下，拿到了第三名，但在此之後就沒有太好的表現，一九三四年改為十六隊淘汰賽，第一場比賽美國隊就慘遭義大利以七比一痛宰，草草結束，一九三八年美國退出資格賽，再一次參加，已經是一九五〇年巴西世界盃了，美國隊在小組賽僅僅贏下一場比賽，就是以小組賽以一比零擊敗英格蘭，由於當時還沒有衛星傳送，比賽結果從巴西以電報的方式拍回英格蘭，當時有英格蘭媒體認為是電報少打一個一，擅自將比分改為英格蘭以十比一擊敗美國，鬧出了極大笑話，這也反應當時美國的實力是多麼為人所輕視。

除了這場比賽以外，美國隊在世界盃的表現也真的乏善可陳，從一九五〇年到一九九〇年這段長達四十年的歲月裡，美國竟然一次也沒有踢進世界盃資格賽，美國最早在一八九〇年代曾經推過職業足球聯盟，最後不了了之。一九二一年美國第一任足協創辦人卡希爾（Thomas Cahill），決定組織美國職業足球聯盟，當時的待遇跟比賽內容都不錯，吸引了不少球員來效力，甚至還有歐洲的選手被優沃的收入吸引來到美國，只是後來遭遇到聯盟分裂以及一九二九年美國大蕭條，職業足球在美國又一次受到毀滅性打擊。

曇花一現的職業聯盟

一九七〇年代美國又開始發展職業足球聯盟，這次他們想用足球明星做為賣點，請來了許多在世界盃上曾經風光一時的超級巨星，在職業生涯的晚年，來到美國獻技，例如當時的紐約宇宙隊，真的是星光無限，包括巴西球王比利、荷蘭全能足球傳奇克魯伊夫、德國足球皇帝碧根鮑華（Franz Beckenbauer），都來到宇宙隊效力，一開始真是一片繁華景象，但是不到十年，各家球隊又紛紛倒閉。

球迷很快就發現這些足球巨星並不是來美國獻技，而是利用過去的名聲來美國吸金，他們在場上的表現顯然跟巔峰時期相去甚遠，加上各球隊的經營往往只以明星做為賣點，並沒有真正提升比賽的水準，球迷的眼睛是雪亮的，沒有真正的競爭是難以留住觀眾的，加上這種花大錢聘請球星的作法對於球隊的財政是很大的壓力，只要票房不理想，很難長久維持。

在非洲舉辦滑雪比賽

一九八八年國際足總進行一九九四年世界盃舉辦權的投票，最終的結果由美國擊敗巴西與摩洛哥贏得主辦權，這個結果震驚了全球的足球記者，他們形容由美國來主辦世界盃，根本是「在非洲國家舉辦大型滑雪比賽」（holding a major skiing competition in an African country），因為過去的四十年，美國在世界盃上沒有任何的表現。

幸好墨西哥非常夠義氣的給了美國一次表現的機會，由於幾乎每次都能晉級的墨西哥遭到禁賽，等於在中北美洲及加勒比海區讓出了一個名額，美國知道這是他們不能錯過的機會，雖然一路跌跌撞撞，但美國總算以第二名的姿態，取得了一九九〇年世界盃的參賽權，這也讓美國稍微可以擺脫世人的質疑。

一九九四年世界盃美國佔了地主之利，勉強從小組賽擠身十六強，碰上巴西被淘汰雖然可惜，但似乎也顯得理所當然，沒有人對美國的成績太過苛責，反而更著眼在這是一次非常成功的賽會，每場比賽的平均進場觀賽人數，創下了六萬八千九百九十一人的新紀錄，說明了美國蘊藏了非常龐大的潛在市場，為了舉辦世界盃而興建的比賽場館，也成為接下來的二十年，美國推動另一波職業足球運動的基礎硬體建設，而一次的成功很可能會再帶動下一波的熱潮，而美國就這樣乘著這次主辦的浪潮，不停的往前推進。

讓美國再次偉大

美國長達一百多年的足球歷史，歷經了好幾波的起伏，遭遇到幾次重大挫敗，但是自從一九九〇年踢進世界盃之後，美國僅僅在二〇一八年錯失過一次晉級機會，成為了世界足壇最穩定進入世界盃的國家之一，在一九八八年取得世界盃主辦資格之後，在十七屆的北美金盃中，取得七次冠軍、六次亞軍、兩次季軍、一次殿軍，只有一次在八強止步，幾乎可以說是區域的霸主，美國絕對不是大家想像中的足球沙漠，除非你的標準是除了世界冠軍以外都是弱者。

美國MLS職業足球大聯盟，早已非昔日吳下阿蒙，現在歐洲及南美的退休球星，想要到美國混日子已經是不可能的事情。MLS的競爭強度，早已經讓墨西哥及南美洲許多現役好手前來挑戰，這些年美國國家隊出現過鄧普西（Clint Dempsey）、唐納文（Landon Donovan）、霍華德（Tim Howard）、艾迪杜里（Jozy Altidore）這樣的旅歐好手，如今也有普利西奇（Christian Pulisic）、韋亞（Timothy Weah）等球員在歐洲大放異彩。

美國的足球錯失了幾次興盛的機會，但這不代表足球在美國消失，美國在拉丁裔聚集的區域，有著強韌的街頭足球風氣，職業足球的體系也已經成型，美國擁有強大的經濟實力，有著極為傑出的軟硬體設施，再加上全國國民熱愛運動的風氣，只要一點點契機，就有可能讓足球之風在美國吹起，隨時都可能讓美國足球再次偉大。

精靈王國——威爾斯

Wales

51° 29′ N 3° 11′ W

古老的透明人

威爾斯是一個古老的王國，古老到許多人都忽略了它其實有著豐富的歷史，在大不列顛聯合王國裡，大家都聽過蘇格蘭，都知道愛爾蘭與北愛爾蘭的爭端，很多人誤以為英格蘭就代表英國，但是提起威爾斯，很多人甚至不知道這個國家的存在，偶爾會勾起一絲印象，是因為英國好像有個威爾斯親王，戴安娜好像叫威爾斯王妃。英國國旗的設計，融合了三大元素，代表英格蘭的聖喬治十字、代表蘇格蘭的聖安德魯十字以及代表愛爾蘭的聖派翠克十字，但是國旗中就是沒有威爾斯的象徵，感覺威爾斯從來就不存在一樣。

但其實我們都活在威爾斯的世界中而不自知，你或許不知道威爾斯在那裡，但你一定知道亞瑟王的石中劍，還聽過梅林魔法師的名號、圓桌武士的故事，他們就發生在這個群山之間的谷地，你或許不懂得威爾斯語，但在虛幻的魔戒中土大陸上，你聽到精靈的辛達語、昆雅語，就來自卡迪根灣波濤洶湧的海岸，甚至你在電玩中所使用的長弓兵，就是源自於威爾斯。

被遺忘的足球國度

威爾斯足協成立於一八七六年，是世界上第三古老的足球協會，負責制定與修改足球規則的IFAB（International Football Association Board），這個協會由英格蘭、蘇格蘭、威爾斯和北愛爾蘭足協與國際足總的代表組成，簡單的說，任何足球規則的修改，都必須要經過威爾斯足協的同意，這是在世界足壇最崇高的地位之一，威爾斯首府卡地夫城人口大約三十五萬，但是位在卡地夫的千禧球場，可以容納七萬四千五百名觀眾，是全世界最大的活動式屋頂體育場，威爾斯的足球風氣興盛可見一斑。

他們也曾經在一九五八年世界盃上有過短暫的輝煌，該年是英國足球打出全壘打的年代，英格蘭、蘇格蘭、威爾斯與北愛爾蘭，四隊一起踢進了該年的瑞典世界盃，令人意想不到的是，威爾斯是四隊當中表現最好的，小組賽跟地主國瑞典、北美強權墨西哥、歐陸霸主匈牙利抽在一起，竟然在小組賽取得二勝一和，出乎眾人意料的殺出重圍，八強賽碰上巴西，威爾斯也完全沒有處於下風，兩隊纏鬥九十分鐘，最後巴西依靠球王比利踢進全場唯一的進球，淘汰威爾斯，然後一路高歌猛進贏得冠軍，這場比賽也是巴西在該屆贏得最艱辛的比賽，有人甚至認為，如果不是威爾斯頭號大將查爾斯（John Charles）因傷無法上場，巴西能否贏得他們的第一座世界冠軍猶未可知。

那些孤獨的天才們

足球史上總有許多孤獨的天才，彷彿生錯了年代，擁有高超的球技，但是卻沒有隊友的配合，無法在大賽中有任何的斬獲，威爾斯也曾經出現過許多天才球員，但是他們非常不幸的都誕生在不同的年代，有時彼此擦身而過，有時曾經攜手又錯過彼此最好的光陰，導致威爾斯在一九五八年之後，再也沒有在世界盃亮相的機會，但真正懂得足球的，一定非常熟悉他們的存在，對於威爾斯歷代的天才沒能在國際舞台綻放他們的天賦，感到萬分惋惜。

查爾斯是威爾斯足球史的第一位天王，他在一九五七年轉會到義大利名門尤文圖斯，在一百五十五場比賽中踢進了一百零八球，拿到三座義甲冠軍、兩座義大利盃冠軍，還有一屆的進球王，他被喻為是史上在義大利表現最成功的英國足球員，同時也是二十世紀英國最偉大的全能足球員，他在一九五八年率領威爾斯衝進世界盃，完成了威爾斯第一次也是最後一次的輝煌歷史。

托沙克（John Toshack）在利物浦與基岡（Kevin Keegan）組成了恐怖的鋒線搭檔，為利物浦拿下了三次聯賽冠軍、一次歐冠冠軍與兩屆的 UEFA CUP 冠軍，他在一九六九年到一九八〇年之間代表威爾斯出賽，一九七〇年、一九七四年、一九七八年，連續三次的世界盃資格賽，有托沙克在陣的威爾斯，竟然三次都在小組賽殿底，始終未能得到參加世界盃的機會。

伊恩・拉許（Ian Rush）是利物浦史上最偉大的射手，他在效力利物浦期間，總共為利物浦贏下五次聯賽冠軍、三次足總盃冠軍、五次聯賽盃冠軍，還有兩次的歐冠冠軍，他是利物浦王朝的締造者，他剛好接在托沙克之後，在一九八〇年到一九九六年之間，為威爾斯國家隊效力，長達十六年的國家隊生涯，伊恩・拉許就是缺了一張世界盃的門票。

休斯（Mark Hughes）被認為是英超史上最全能的控球前鋒，因為出色的控球技巧，讓他成為少數能夠效力巴塞隆納的英國球員，他在曼聯的生涯中，為曼聯拿下了兩次英超冠軍、三次足總盃冠軍、一次歐洲優勝者盃冠軍，他在一九八四年到一九九九年之間率領威爾斯衝擊世界盃，依舊功敗垂成。

吉格斯（Ryan Giggs）被喻為史上最強的左路快馬，驚人的速度與平衡感，讓他在邊路過人如麻，職業生涯晚期憑藉豐富的比賽經驗，轉為控球型的中場，職業生涯一直延續到四十一歲仍然保持出色的狀態，他為曼聯贏得十三次聯賽冠軍、四次足總盃冠軍、三次聯賽盃冠軍以及兩座歐冠冠軍，沒有任何一位威爾斯球員比他贏得更多的職業榮耀，但是終其一生都沒有在世界盃舞台展現身手的機會。

最新天王的告別秀

貝爾（Gareth Bale）無疑是最新世代的威爾斯天王，他的驚人爆發力與盤帶能力，讓他從邊後衛一路踢到了鋒線殺手，他接下了吉格斯所留下的任務，繼續帶著威爾斯前進，從二〇〇六年進入國家隊開始，現在也已經超過十五個年頭，以他現在的年齡，如果不能踢進二〇二二年世界盃，很可能又會成為下一個孤獨的威爾斯足球天才。

威爾斯在歐洲區資格賽中與強大的比利時同組，以小組第二的身份進入附加賽，因為俄烏戰爭爆發，使得賽程一波三折，威爾斯在擊敗奧地利之後，與烏克蘭爭奪最後一個參加世界盃的名額，二〇二二年的六月五日，兩隊在卡地夫球場進行最後對決，結果烏克蘭邊鋒亞莫連科（Andriy Yarmolenko），不幸踢進一顆烏龍球，這一球就成了最後的勝負關鍵，讓威爾斯以一比零淘汰了烏克蘭，貝爾賽後表示淘汰烏克蘭很遺憾，但是威爾斯需要這張改變歷史的門票。

飛舞的精靈

睽違將近七十年，威爾斯再度叩關世界盃，其實是經過一代又一代的努力，不論是伊恩・拉許、吉格斯，或是神奇隊長斯皮德（Gary Speed）都不負他們被封爵的使命，不斷在威爾斯建立良好的訓練系統，現在的威爾斯青少年足球非常發達，雖然算是半支世界盃的新軍，但是他們的世界排名也曾一度攀升到史上最高的第八名，之前從來未曾參賽過的歐洲國家盃，也連續兩屆都進入了淘汰賽，或許這些都算不上什麼成就，但是很顯然的，這些來自威爾斯的傑出好手，再也不孤獨，開始擁有展現自己的舞台。

威爾斯就是這樣一個靠海、多山、地形崎嶇的貧瘠之地，這裡誕生過許多奇幻的神話，在茂密的森林裡，是傳說中精靈的故鄉，雖然外表看似陰沉平靜，但是其實內部充滿了生機，只要你走進威爾斯的足球森林裡，你就會看見那些翩翩飛舞的精靈。

LOS DESCA
¿DONDE EST
SANTIAGO
MALDONADO
PLAZA DE MAYO

飛翔的獅子——

阿根廷

Argentina

彭巴草原與巨鷹

Pampa（彭巴）是來自南美洲古老印地安民族的克丘亞語（Quechua），意思是「平坦的表面」，後來用於稱呼這片沒有樹木的廣大平原，彭巴草原是南美洲大陸最廣大的草原，與北方濕熱的雨林，及南方乾冷的高地相比，這裡氣候宜人，非常適合農業發展，以阿根廷首都布宜諾斯艾利斯為核心，這裡成為世界上農業最發達的地區之一，西班牙人帶來了牛和羊，種植玉米和小麥，讓彭巴草原成為穀物與奶水的國度。

阿根廷的國鳥是冠灶鳥，然而，阿根廷的足球隊，卻被稱為阿根廷雄鷹，科學家在彭巴草原發現了一種名為「阿根廷巨鷹」的化石，其翼展可以達到驚人的七公尺，很長一段時間，都被認為是人類所發現最巨大的鳥類，你可以想像在六百萬年前的彭巴草原，阿根廷巨鷹在清澈蔚藍的天空中盤旋，孤傲自賞、展翅蔽日、不可一世，正如同那阿根廷的足球故事。

足球祖國的大弟子

很多人知道阿根廷與英國的恩怨情仇，也明白他們在足球場上是永遠的死敵，卻很少人知道，阿根廷是英國足球的嫡傳弟子，一八九一年創立的阿根廷足球聯賽，是除了英倫三島以外，世界上第一個足球聯賽。

蘇格蘭教師哈頓（Alexandro Watson Hutton）跟著英國水手來到南美，一手建立了南美洲第一支足球俱樂部 ALUMNI，同時也建立了阿根廷足協，在之後長達三十年的歲月裡，ALUMNI 主導了阿根廷足球，而阿根廷史上第一場國際足球賽，正是為了慶祝英國女王維多利亞七十歲的生日而舉辦的。

風雨中的世界冠軍

阿根廷的足球發展得非常早，曾經在南美雄霸一方，但是在贏得冠軍榮耀上，卻落後於另外兩支南美勁旅——烏拉圭與巴西。在足球世界盃之前，烏拉圭已經贏得兩次奧運金牌，之後又分別在一九三〇年、一九五〇年贏得兩次世界盃冠軍，另一個鄰國巴西，在六〇年代稱霸世界，同時因為新技術與新戰法的確立，而有「足球王國」的美譽。

阿根廷足球的第一個世界冠軍頭銜，一直到一九七八年世界盃才出現，而這一年剛好是阿根廷發生軍事獨裁政變的時候，當時的陸軍總司令魏德拉（Jorge Rafaél Videla）以政變奪得政權，並發動「骯髒戰爭」，凌虐並殺害了超過三萬名異議者，同時也用高壓手段逼迫阿根廷二十八歲以下職業足球員不得出國，當年阿根廷成功以地主身分拿下世界盃冠軍，但是以六比零大勝秘魯的比賽，一直被流傳是軍政府以黑市交易的方式，收買了秘魯國家隊，也讓這座冠軍的光彩蒙上陰影。

一九八六年世界盃阿根廷在球王馬拉度納帶領下，再度捧起金盃，這也是在一九八二年福克蘭戰爭失利後，阿根廷在國際上的重大成就，但是在八強賽對上英格蘭的比賽，馬拉度納用「上帝之手」淘汰對手，同樣引起爭議，不過不論過程如何，這兩次的勝利，都讓阿根廷在國家局勢動蕩不安中，用足球凝聚了國民的團結意識，最終成功渡過了重大危機。

走向卡達之路

雖然南美洲強權林立，但是對於阿根廷來說，不能從南美洲資格賽取得卡達世界盃參賽權，是不可想像的，唯一一次參加資格賽卻被淘汰，已經是一九七〇年的事情了，主客場面對近年來疲軟的巴拉圭，最終都只取得平局，或許讓球迷心中有些許擔憂，但是在面對晉級主要對手烏拉圭時，都成功取得勝利，一口氣拿下六分，面對其他對手時也不曾吞下敗績，讓整個晉級過程變得有驚無險。

唯一的巨大爭議來自在巴西的客場比賽，當時因為巴西規定近期內曾經前往英國的人士，必須進行十四天的隔離，巴西衛生機關宣稱有四名阿根廷球員，謊報未有英國旅遊史，在比賽進行至六分鐘時，進場要將四名阿根廷球員帶離，阿根廷憤而拒絕比賽，最後巴西與阿根廷足協進行協商，同意取消比賽，延至二〇二二年九月再行比賽，由於巴西與阿根廷都已分別晉級世界盃，所以這場至今未能釐清真相的鬧劇，也成了無關緊要的插曲。

重返神壇的距離

他們曾經擁有閃電般的風之子卡尼基亞（Claudio Caniggia）、如野獸般兇猛的戰神巴提斯圖塔（Gabriel Omar Batistuta）、傳球小巫師貝隆（Juan Sebastián Verón）、中場的精靈艾馬爾（Pablo César Aimar）、不老的防守機器薩內提（Javier Zanetti）、最後的十號藝術家里克爾梅（Juan Román Riquelme），還有其他更多你數也數不完的巨星名字，他們從來不缺進攻好手，也不缺防守悍將，更不缺那些天才的機會創造者。

別忘了，他們還有當世最偉大的球王，梅西（Lionel Andrés Messi Cuccittini），你有了梅西，還愁沒有世界冠軍嗎？

阿根廷的每個天才，都在那片綠色的草皮上翩然起舞，贏得他們的盛名，然而距離上一次贏得世界盃，已經過了三十六個年頭，阿根廷最引以為傲的足球上帝馬拉度納，也已經離世，僅管每屆世界盃阿根廷都是當然的奪冠熱門，但不可諱言的是，這個熱門，早已經冷卻，阿根廷的球迷們自傲的認為自己是彭巴草原的王者，又不得不承認距離那座世界之巔的金盃，或許早已越來越遠。

秩序土崩瓦解

二〇一八年世界盃或許是阿根廷足球史上最陰暗的一次，他們贏得的成績不能說是歷史最差，最後依舊跌跌撞撞的進入十六強，可是更衣室的紛爭跟比賽的內容，讓這支球隊差點分崩離析，球員跟教練產生爭執，導致總帥桑保利（Jorge Sampaoli）被架空，場上表現荒腔走板，讓人驚覺或許過去年復一年鎩羽而歸，並不是阿根廷的球員缺乏天賦，很可能是因為這個充滿天賦的群體，從來就沒有人可以真正的駕馭。

阿根廷足壇一直沉浸在馬拉度納的年代，總以為他們源源不斷產出的天才球員，可以像當年的球王一樣，盡情揮灑自己的才華，帶著整個國家的足球向前進，當梅西出現時，他們彷彿又重新看到馬拉度納再世，甚至連球王本人都是這樣認為，可惜十多年過去，阿根廷人爭論的是梅西的職業生涯，表現遠勝於國家隊，質疑他究竟有沒有決心要帶領國家隊前進，甚至導致梅西多次表示考慮退出國家隊，或許當大家關注的焦點都在這件事上面，就是阿根廷足壇找不到問題根源的縮影。

領頭躍起的兩頭獅子

阿根廷國家隊總教練斯卡羅尼（Lionel Scaloni）過去沒有顯赫的戰績，球員資歷在阿根廷眾多球星之中，只能算是極度平凡，在國家隊是名邊緣國腳，執教經歷也只是塞維利亞與阿根廷的助理教練，雖然曾經帶領青年國家隊，整體而言只能算沒有足夠經驗，也從未掌握過實權的年輕人，但也許這正是阿根廷改變的契機。

他在二〇一八年世界盃擔任國家隊助教，由於桑保利求去，由他暫代總教練職務，結果反而受到球員的好評，接下來無論是在美洲盃或是世界盃資格賽，都如同倒吃甘蔗一般，成績一路上揚，一開始人們質疑他的聲望能否壓住阿根廷的大牌球星，到最後，原本只拿到三個月臨時合約的斯卡羅尼，現在已經帶著阿根廷走向卡達。

他是第一位承認「阿根廷已經不再是世界足球一級勁旅」的總教練，或許，這正是他跟過去幾任阿根廷主帥的不同，想要改革，第一件事情就是承認自己的不足，不論是阿根廷兩屆世界冠軍的輝煌，或是這些名帥頭上的諸多桂冠，都不允許他們自貶身價，球迷也不允許，而斯卡羅尼的低姿態，找回了足球的本質，阿根廷國家隊要追求的是場上的均衡與卓越，而不是那虛無的王者衣冠。

現在的阿根廷有兩頭獅子，一頭是斯卡羅尼，一頭是梅西，如果你期待他們成為救世主，拯救阿根廷，那你就錯了，真正能夠將阿根廷足球再向前推進的，是他們近年累積的整體戰力，想要在彭巴草原飛翔，靠的是翅膀，而不是鬃毛，或許，我們能在卡達看到的，是巨鷹乘風而起，帶領著獅子叱吒整座草原。

沙漠統治者——

沙烏地阿拉伯

Saudi Arabia

24° 39′ N 46° 43′ E

半島上的綠洲

西亞諸國對於足球的喜愛極為瘋狂，在一九八〇年之後，開始對足球運動投入了大筆的經費，常有人戲稱這是油王的遊戲，因為阿拉伯世界各國幾乎都是採取計劃經濟的方式發展足球，包括科威特、伊拉克、卡達、巴林、阿拉伯聯合大公國，基本上都是採取兩條路線，一個是到處尋求可以歸化的外籍球員增加國家隊實力，一個是用高薪激勵運動員參與足球運動，然而同樣是透過開採石油的利潤，花大錢發展足球，唯一成功站穩亞洲一級強權地位的，只有沙烏地阿拉伯。

一九五六年才加入國際足總的沙烏地阿拉伯足協，起步確實有點晚，要知道就在同一年，韓國已經贏得亞洲盃冠軍，建立第一個亞洲足球霸權，同樣地處波斯灣的鄰國科威特，在一九七六年踢進亞洲盃決賽，一九八〇年進一步奪下亞洲盃冠軍，一九八二年就成功挺進西班牙世界盃，伊拉克、阿拉伯聯合大公國也陸續取得過世界盃資格，沙烏地阿拉伯身為沙漠上的第一大國，相比之下更顯得黯淡無光。

不過沙烏地阿拉伯的發展軌跡可說是後發先至，一九八四年首度踢進亞洲盃，就一舉奪下冠軍，四年之後衛冕成功，成為新一代的亞洲霸主，一九九四年終於取得史上第一張世界盃門票，小組賽最後一場比賽對戰比利時，沙烏地阿拉伯邊鋒奧瓦蘭（Saeed Al-Owairan）從自家半場一路狂奔，連續擺脫四名球員的防守，在倒地之前騙過守門員，用他的右腳鏟射，表演了一次馬拉度納式的進球，這也讓第一次在世界盃亮相的沙烏地阿拉伯就闖進淘汰賽，從此之後，沙烏地阿拉伯成了阿拉伯沙漠上，唯一能夠進軍世界盃的國家，如同它們的國旗一樣，成為唯一的綠洲。

驚鴻一瞥後的難題

雖然沙烏地阿拉伯一戰成名，但是他們的問題也很明顯，首先是沙烏地阿拉伯的球員，在身體對抗性上面普遍不足，在亞洲迎戰同樣體型較為瘦弱的球隊時，沙烏地阿拉伯有著控球技術上的優勢，一旦碰上歐洲列強，就幾乎不堪一擊，尤其是在防守上經常就吃了大虧，亞洲足壇四強韓國、日本、伊朗、沙烏地阿拉伯，參加世界盃的賽事中，只有沙烏地阿拉伯每場平均失球數超過兩球，每場比賽被攻進二點四三球，而同樣被認為有體型弱點的日本隊，在世界盃平均每場只被攻進零點九五球，也就是說，沙烏地阿拉伯雖然經常能從亞洲區出線，進到世界盃的決賽圈，可是在進入世界盃之後，幾乎沒有競爭力可言。

其次是沙烏地阿拉伯幾乎沒有旅外的球員，經常以純國內聯賽選手出征世界盃，花錢如流水對一個國家的足球成長是一件好事，但是當你到達某一個高度時，花錢也可以造成反效果，在沙烏地阿拉伯踢球可以得到豐厚的待遇，足球員是沙烏地阿拉伯最被羨慕的運動員，但也因為如此，在沙烏地阿拉伯踢球的收入甚至比前往歐洲主流球會效力更高，這也讓沙烏地阿拉伯的球員幾乎沒有旅外的意願。

這兩件事又會互相影響，沙烏地阿拉伯的球員只在國內踢球，就缺少了與高大球員對抗的機會，而不擅於跟高大球員對抗，又影響了球員被歐洲一流球隊看上的機會，如果不是歐洲的一流球隊，所開出的價碼又不可能吸收本來就是高收入的沙烏地阿拉伯球員，最後形成惡性循環，一離開亞洲，沙烏地阿拉伯就只能束手就擒，在世界盃的看好度，往往都是最後一名。

換帥如流水

沙烏地阿拉伯的另一個問題，同樣是來自一把雙面刃，不管是在資金、場地、待遇等方面，整個沙烏地阿拉伯王室上下對足球的支持是毫無疑問的，全力支持的另一個面相，很可能就是無止盡的干預，國家隊的戰績未臻理想，王室就迫不及待的想要對球隊的運作下指導棋。在沙烏地阿拉伯足協成立至今的六十六年之間，總共換了六十二次總教練，其中納塞・久哈（Nasser Al-Johar），前後就五次擔任沙烏地阿拉伯主帥，最短的一次還只當了兩週。

在一九八八年、一九九〇年、一九九二年、一九九四年、二〇〇二年、二〇一一年、二〇一五年、二〇一七年等八個年度，沙烏地阿拉伯都在該年度內換了三名總教練，讓外國媒體經常搞不清楚沙烏地阿拉伯的教練到底是誰，才剛剛公布換帥的消息，結果比賽時教練席坐著的卻是另一個人，二〇一七年沙烏地阿拉伯就發生了七十四天內換了三次教練的鬧劇，令球員完全不知所措。

不僅換帥速度令人目不暇給，發展路線也讓人難以捉摸，總教練來自超過十五個不同的國家，沙烏地阿拉伯的球員雖然以細膩的腳法著稱，但是整體戰術缺乏章法，也沒有核心風格，在足球實力普遍較差的亞洲球隊面前，憑藉個人能力可以取得優勢，但是離開亞洲就變得不知所謂，永遠不上不下，或許是最貼切的形容。

潛藏的無限潛力

國家隊的戰績雖然有這麼多的問題，但是沙烏地阿拉伯依舊能被稱為亞洲四強，絕非毫無道理，沙烏地阿拉伯本身具有兩大優勢，首先是他們的青年球員表現出色，即便國家隊在世界盃戰績慘不忍睹，但是他們在Ｕ１６、Ｕ１９等層級的青年亞洲盃，一直有突出的成績，同時也有一九八九年的Ｕ１７世界青年冠軍在手，不吝於給青年球員機會也是他們的特色。

二〇〇二年世界盃之後，為了追趕日、韓，他們建立了完整的青訓系統，以及多個層級的青年聯賽，雖然球員外流歐洲的數量不多，但是他們聘請了大量歐洲教練，在個人能力的培養上，基礎相當的穩固，加上從事足球運動可以得到生活保障，沙烏地阿拉伯採取的菁英制度，一直能夠出產不錯的人才，國家隊的年齡結構一直保持相對穩定，從來不缺乏技術出眾的後起之秀。

由於薪資待遇相當不錯，比賽獎金也高，沙烏地阿拉伯有個非常穩定的國內聯賽，國家隊成員幾乎都在同一個聯賽內效力，同時也持續引進歐洲及南美的優秀球員效力，雖然缺乏旅外球員讓他們在跨洲際賽事時，欠缺大賽經驗，可是至少能夠讓國內球員有穩定出賽的機會，保有基本的戰力，對比一些連國內聯賽水準都乏善可陳的國家來說，沙烏地阿拉伯的穩定度還是略勝一籌。

沙烏地阿拉伯的足球人才，就跟他們蘊藏在沙漠底下的原油一般，只要適當的開採，就會源源不絕的湧出，但關鍵是如何妥善的提煉、使用，如果沙烏地阿拉伯能夠多一點的耐心，透過長期的訓練及配合，發展出適合沙烏地阿拉伯的球風，如果能夠多一點冒險精神，讓球員多到歐洲的賽場磨練，帶回更多先進的戰術觀念與比賽經驗，或許沙烏地阿拉伯將不只是沙漠裡的王者，會有更多的可能衝向世界。

MÉXICO

生與死的狂歡——

墨西哥

Mexico

墨西哥人對於死亡有獨特的概念，他們認為對於逝去的人，悼念是不必要而且不尊敬的，身邊的人離去難免感傷，但是死亡只是生命周期必經的歷程，只要你懷抱著對親人的想念，他們就會永遠存在於在世者的記憶與精神之中，墨西哥最重要的節目「亡靈節」（Día de Muertos），正是詮釋他們對於死亡的想像。

亡靈節的習慣來自古老的阿茲提克（Aztec）、托特克（Toltec）和納瓦（Nahua）等中美洲文明，現在已經被列為聯合國的世界文化遺產，他們會用點燈及香氛等方式，引導逝去的亡靈回到家鄉，並在午夜之際放起鞭炮，跳舞慶祝亡靈的到來，既然生與死只是一個循環周期，那麼不論生或死，理論上都是不滅的、永恆的，亡靈節的珍貴並不是在於那些特殊的儀式，還包括了墨西哥人的生活文化，包括了這些原始住民對於生命的珍惜與重視。

浪漫是天性

或許正是因為墨西哥人骨子裡有這麼一股對生命的浪漫，所以他們熱愛各式各樣的音樂，喜歡各式各樣的遊戲，包括了英國礦工在一百多年前所帶來的足球。任何事物在墨西哥都可以變成一場慶典，足球當然也不例外，這項運動在墨西哥迅速掀起了熱潮，他們在大街小巷踢著足球，就跟他們也在大街小巷裡打著棒球一樣。

一九三〇年第一屆世界盃，墨西哥就已經是當時少數參與的國家之一，在整個中北美洲，墨西哥的足球實力更是一枝獨秀，雖然很少有人會直接將墨西哥跟足球強國聯想在一起，但事實上，墨西哥的世界排名從來沒有掉出三十名之外，而且長期都保持在前十名，同時墨西哥踢進世界盃的次數，也名列世界前五名，他們在巴拿馬地峽以北可說是天下無敵，總共拿下十一座中北美金盃，受邀跨界參加南美洲國家為主的美洲盃（Copa América），也贏得兩次亞軍、三次季軍，就算放在南美區，墨西哥也有極強的競爭力。

上天的考驗

在第二次世界大戰結束後，墨西哥的足球運動持續發展，在一九七〇年，墨西哥成為了第一個主辦世界盃的中北美洲國家，並且首度踢進八強，短短不到十六年的時間，墨西哥又爭取到了一九八六年世界盃的主辦權，成為第一個兩度主辦世界盃的國家，如果不是舉國對於足球的熱愛，不可能有這樣的熱情與動員能力，足球在墨西哥人心中的地位，由此可見一班。二〇二六年美國、加拿大、墨西哥共同舉辦世界盃，墨西哥將再度一支獨秀，成為三度舉辦世界盃的瘋狂國度。

然而上帝卻給了他們一場極大的世紀考驗，一九八五年九月十九日，墨西哥發生了大地震，幾乎摧毀了大半個墨西哥城，當場造成了七千多人死亡，超過三十萬人無家可歸，是上個世紀發生在中北美洲最大的一場自然災難，由於隔年五月世界盃即將舉行，國際足總立刻成立了緊急應變小組，隨時準備將世界盃移到其他國家舉行，但是墨西哥堅持一定要繼續主辦，因為墨西哥必須證明他們可以在任何艱困的環境中重新站起來，沒有任何一種力量，比足球的力量更能凝聚所有人。

見證奇蹟的時刻

在不被各方看好的情況下，奇蹟真的發生了，墨西哥人在半年內重建了他們的交通、警察、消防系統，整修了受損的球場建築，重新開啟了飯店與餐廳，他們迎接來自全世界的球員與觀光客，讓整個賽事圓滿結束，墨西哥國家隊也在地主觀眾的注視下，克服地震後的種種難題，再度踢進世界盃八強，這帶給許多人力量與啟發，因為在災難中的奮起總是特別感人，在瓦礫中開出的花朵才是異常珍貴。

位在墨西哥城的阿茲提克體育場，在地震發生時成為了難民的臨時收容所，拯救了成千上萬人，它也造就了足球史上無與倫比的歷史，一九七〇年巴西球王比利第三次捧起世界盃，就站在這個球場的中央，一九八六年阿根廷對英格蘭，馬拉度納的上帝之手與連過六人的世紀進球，也在這裡發生，決賽中西德與阿根廷那場蕩氣迴腸的生死對決，也在這裡發生，它見證了一場殘酷無比的人間煉獄，也見證了足球史上最偉大的時刻，人類史上也許再也沒有第二座球場，可以蘊涵這麼豐富飽滿的故事了。

各種紀錄的締造者

在電影《可可夜總會》裡，你可以看到墨西哥就如同在萬花筒的世界裡，彷彿是個被打翻的調色盤，如果沒有墨西哥，足球的世界將會缺乏色彩，世界盃的歷史如果少了墨西哥，將會缺少一半的樂趣，雖然墨西哥的第一個世界盃冠軍尚未到來，但有許多世界盃史上的第一，都是由墨西哥締造的。

世界盃史上的第一顆進球，出現在一九三〇年世界盃開幕戰，由法國隊攻進墨西哥的大門，世界盃的第一對兄弟檔，便是當年墨西哥的羅薩斯兄弟（Felipe Rosas and Manuel Rosas），其中弟弟曼紐爾・羅薩斯，在對智利的比賽中，踢進了世界盃的第一顆烏龍球，不過他也在對阿根廷的比賽中將功折罪，踢進了世界盃史上的第一顆十二碼罰球，當然，在首屆世界盃，墨西哥留下的更多是尷尬的紀錄，他們是敗場最多的球隊，苦吞了三連敗，同時也是失球最多的球隊，總共被對手踢進了十三球。

除了羅薩斯兄弟，墨西哥還有另一項難得的家族紀錄，在二〇一〇年南非世界盃出賽的哈維爾・赫南德斯（Javier Hernández），與祖父托馬斯．巴爾卡薩爾（Tomás Balcázar）、父親哈維爾・赫南德茲（Javier Hernández），接力完成祖孫三代都踢進世界盃的紀錄。墨西哥門將卡巴哈（Antonio Carbajal）在一九六六年英格蘭世界盃，成為第一位連續參加五屆世界盃的球員，更難得的是，他在五屆世界盃中，都留下了先發上場的紀錄，而他的後輩，墨西哥後防名將馬奎斯（Rafael Márquez），也追上卡巴哈的紀錄，同時連續五屆世界盃都踢進了淘汰賽。

球在草皮上，哪能不輕狂

墨西哥盛產球風獨特的球員，坎波斯（Jorge Campos）身高只有一百六十八公分，卻能夠成為墨西哥國家隊的當家守門員，在場上喜歡穿著袖子寬大，由彩色布料拼接而成的特製球衣，而有「花蝴蝶」的稱號，更妙的是他經常在上半場擔任守門員，下半場擔任前鋒，職業生涯攻進超過三十個進球；自由球專家布蘭科（Cuauhtémoc Blanco），在世界盃上以雙腳夾球跳躍過人的方式，吸引了全世界足球迷的目光，這種標誌性的過人技巧，也因此被命名為「布蘭科跳躍」（Blanco Jump）。

墨西哥毫不意外的再度輕鬆擠身卡達世界盃的行列，卻沒有受到太大的期待，畢竟他們保有另一項偉大的紀錄，那就是世界盃史上敗場數最多的國家，當然其中一個因素是因為他們參賽的場次數一數二，除了一九八七年墨西哥涉嫌在世青盃使用超齡球員，遭到國際足總禁賽而錯過一九九四年世界盃之外，墨西哥幾乎每次都在世界盃亮相。墨西哥在球風上的隨興奔放，讓他們總是無法走得太遠，也許我們很難看到墨西哥在世界盃奪冠的鏡頭，但是可以肯定的是，他們在球場上總會出現讓你意想不到的戰術、讓你哭笑不得的失誤、讓你瞠目結舌的雜耍表演、讓你大呼過癮的精彩進球，墨西哥人對於死亡的看法如此豁達，面對生死時都要狂歡，何況在球場上。

草原舞者——波蘭

Poland

短暫的初開之花

波蘭這個有將近千年歷史的古老國家，在一七九五年遭到沙俄、普魯士、奧地利三國瓜分，在歷史上失去了他們的名字長達一百多年，一直到第一次世界大戰結束之後，波蘭的復國運動才重新展開，在一九一八年重新獲得獨立之後，原本屬於奧地利地方足球組織的波蘭足球聯盟，在隔年宣布獨立運作，並在一九二三年加入了國際足總，跟其他歐洲的足球傳統強權相比，波蘭的足球史，不但來得晚，也來得倉促。

一九三八年世界盃是波蘭在國際足壇的初登板，僅管他們只踢了一場比賽，卻是世界盃史上最扣人心弦的比賽之一，他們面對的是實力堅強的巴西隊，開賽不久就陷入落後，但是波蘭很快追成一比一平手，巴西立刻進行瘋狂進攻，在上半場結束前，就把比分擴大到三比一，然而波蘭沒有就此放棄，中場休息後開始瘋狂搶攻，在十五分鐘內又將比分扳成三比三，巴西以四比三再度把比分拉開，但在比賽僅僅剩下一分鐘時，波蘭再度攻破巴西大門，以四比四的比分，將比賽拖進了延長賽。

延長賽巴西很快擴大戰果，取得了六比四的領先，但是終場前波蘭又追到六比五僅有一球落後，雖然最後就這樣被巴西淘汰，但是波蘭卻讓世人留下了深刻的印象，其中波蘭中場威利莫夫斯基（Ernst Willimowski），成為世界盃史上第一位在單場攻進四球的球員，本應成為波蘭英雄的威利莫夫斯基，這段風光的歷史卻鮮少被波蘭人談起，因為一九三九年德國併吞波蘭後，威利莫夫斯基轉而代表德國國家隊出賽，在波蘭人眼中這無疑等同於賣國賊的行為。波蘭足球得益於一次世界大戰後的獨立，但好不容易建立的基礎，卻也因為第二次世界大戰，遭到德蘇再度瓜分而摧殘殆盡，在此後的三十六年，波蘭再也不曾於世界盃亮相。

伸手可及的巔峰

當一九七四年波蘭再度回到世界盃，他們是做好了充足的準備而來的，經過三十多年的休養生息，波蘭誕生了足球史上第一個三劍客組合，進攻線上的沙馬赫（Andrzej

Szarmach）、戴納（Kazimierz Deyna）、拉托（Grzegorz Lato），成為場上攻無不克的殺手，他們分別位居波蘭足球史上進球數第六、第四、第三，而史上進球數排名第二的盧班斯基（Włodzimierz Lubański），因為受傷而無法隨隊參賽，否則波蘭的進攻火力將會更加驚人。

一九七四年的世界盃，他們展現令人驚豔的攻擊足球，充滿了才華洋溢的天才，拉托更是成為當年的進球王，在小組賽時波蘭與阿根廷及義大利同組，殺得兩支傳統強權措手不及，南斯拉夫與瑞典也先後倒在波蘭腳下，最後在爭取決賽門票時，以一球之差敗給西德，許多人認為，如果不是盧班斯基缺陣，如果不是碧根鮑華橫空出世，也許當年的冠軍獎盃會是屬於波蘭的，當然這世上沒有如果這回事，波蘭在世界盃的二度出擊，雖然成為一支黑馬，但只贏得了季軍，可能是他們錯過了史上最好的機會。

一九七八年波蘭再度進入世界盃，但是在八強時停下了腳步，象徵著三劍客與盧班斯基的輝煌年代結束，不過他們收穫了波蘭史上最偉大的足球天才波涅克（Zbigniew Boniek），他在四年後的一九八二年世界盃上大放異彩，率領球隊再次拿下了世界盃的季軍，波涅克被認為是足球史上最擅長盤帶的球員之一，在義甲多次與他交手的馬拉度納，認為他是世界上最好的反擊型前鋒；巴西球王比利，則是在ＦＩＦＡ的票選中，把他列入依然在世的世界最佳一百名球員名單之中。

絢爛歸於平淡

一九八六年世界盃群雄並起，戰術踢法老舊，只想依靠波涅克一人打天下的波蘭，早已沒有競爭優勢，波蘭足球在二十年內急速發展，遭遇到明顯的瓶頸，尤其是進攻線上已經沒有三劍客時期那種齊頭並進的火力，波蘭足球曾經同時湧出的那些天才，一一退出足壇且後繼無人，就像是美麗的煙火到了最明亮的頂點之後，迅速的化為煙塵。

之後的十六年，波蘭進入了重整階段，很長一段時間未能進到世界盃的行列，為了二〇〇二年日韓世界盃，波蘭甚至採取了歸化手段，吸收了來自奈及利亞的奧利薩德比（Emmanuel Olisadebe），在補強了鋒線人手之後，終於重新回到了世界盃的舞台，但是這些努力，終究不能改變波蘭足球實力日漸歸於平庸的現實，兩次世界盃都在小組賽止步，也連續兩次再度被拒於門外，下一次再有亮眼的表現，可能又要寄望在二十年後。

足球與國運的似曾相識

波蘭在歷史上其實有過極為輝煌的時期，尤其是在這片廣闊的平原上，波蘭的騎兵曾經叱吒風雲，做為東西歐文化的交界處，波蘭的國力與文化，也曾盛極一時，正因為如此，波蘭受到鄰國的攻擊與覬覦也不令人意外，多次被瓜分滅國，又多次重新獨立建國，現在的波蘭也許沒有過去的廣大領土，但是在整個社會與經濟上的表現，卻已經擠身先進國家之列，看起來不起眼，卻蘊藏著隨時再起的力量。

歷經了獨立後滅國導致的足球大蕭條，面對黃金世代後的墜落懸崖，在長期黯淡的戰績下，波蘭人並沒有放棄足球，在二十一世紀初期，波蘭開始出產低調又穩健的守門員，接下來的幾年，開始出現能攻能守的邊後衛，最後是在鋒線上，出現了世界第一中鋒，萊萬多夫斯基（Robert Lewandowski），他也是第一位拿到世界足球先生頭銜的波蘭球員，在不同位置上低調的累積實力，波蘭終於又成為世界足壇無法忽視的存在。

萊萬多夫斯基已經成為波蘭史上出場數與進球數最多的球員，不過跟諸多前輩相比，他還欠缺了在世界盃的成績，由於俄烏戰爭爆發，俄羅斯直接被剝奪參賽資格，讓波蘭的晉級之路少了一個障礙，最後成功擊敗瑞典，前往卡達，想要突破過去兩次奪得季軍的豐功偉業，還需要更多努力，不論如何，萊萬多夫斯基足以被認為是波蘭史上最出色的足球員，而不管最終的成果為何，現在的這支波蘭國家隊，也會是波蘭人最引以為傲的隊伍。

優雅的共舞

波蘭經歷長期的動蕩不安，卻成就了他們在音樂與舞蹈上的成就，蕭邦是全世界最受喜愛的鋼琴家之一，而他的作品最重要的精神之一，正是波蘭民族舞曲，在領土被周邊國家瓜分的時候，波蘭人把他們的文化寄託在舞蹈之中，讓他們的傳統可以在舞蹈中被保留下來，形成了世人所熟悉的「五大波蘭舞蹈」(5 tańców narodowych)，波蘭的舞蹈可以雙人起舞、可以多人共舞，可以走著跳、跑著跳、可以繞著圈跳、可以旋轉著跳，他們運用了馬兒的碎步、模仿著山間的羊群，可以是貴族的儀式，也可以是農民的娛樂。

這些舞蹈或來自鄉村、或來自海岸、或來自原野，他們的共通點就是舞步越來越快，同時卻充滿了優雅。波蘭從曾經不可一世，到被列強瓜分；從最早的紅色鐵幕受害者，到領導反抗共產主義的先鋒，舞蹈構築起屬於他們的共同記憶，足球也是，或許就和波蘭的舞蹈一樣，最後的勝負可能沒那麼重要，重要的是不分階層、不分老少，一起在各種聚會與慶典中，說著波蘭的故事。

PILATES
YOGA

雄雞與鳶尾花——法國

France

高雅的徽章

歐洲許多王國，都會使用動物做為標記，以顯示國力的強大，例如英格蘭使用的獅子，或是德國的聯邦之鷹，無一不是用來彰顯自身的威猛，法國是少數使用花朵做為徽章的國家，早在十二世紀，鳶尾花就成為王室旗幟、盔甲、硬幣等物品上的重要紋章，鳶尾花象徵著光明和自由，在法國大革命初期，一度因為要推翻君權，鳶尾花被認為是一個需要被摧毀的圖騰，在王室復辟之後，鳶尾花再度成為法國國花。

之後雖然法國的王權統治終結，走入共和，鳶尾花卻從代表王室威權的存在，變成屬於全法國民眾的印記，法國人喜歡鳶尾花的純潔，同時因為經歷過這段波折，法國人對它的喜愛更勝以往，鳶尾花就好像法國的足球史，一開始似乎缺乏氣勢，但是在經過風雨與融合之後，才逐漸綻放其中的美麗與優雅。

世界盃的老祖宗

雖然英國是現代足球的發源地，但是說到現在大家熟悉的世界盃，絕對是法國人的傑作，一九〇四年國際足總（Fédération Internationale de Football Association，簡稱FIFA）在巴黎成立，首任主席是法國籍的古林（Robert Guérin），創始會員包括了法國、比利時、丹麥、荷蘭、瑞典、瑞士，還有當時尚未建立足協組織，而是派遣馬德里足球俱樂部代表出席的西班牙，這也是足球走向國際化的開始。

FIFA的第三任主席，同樣來自法國的雷米（Jules Rimet），則是改變了足球在全球的地位，他在一九三〇年創辦了世界盃足球賽，雖然早期的比賽遭遇到不少困難，但是世界盃的存在，讓足球獨立於其他所有運動，重要性甚至超越奧運會，雷米在位三十三年的努力功不可沒，而世界盃最早的獎盃，也因為他偉大的貢獻，而命名為雷米金盃。

冠軍獎盃的旁觀者

雖然法國人在世界盃的發展上不可或缺，但是卻始終跟冠軍沾不上邊，直到一九五八年，世界盃史上最偉大的射手方丹（Just Fontaine）出現，一個人改變了法國隊的局面，他的世界盃處子秀就演出帽子戲法，最終將法國隊一路帶到季軍，他在六場比賽中攻進了十三球，至今仍然是世界盃單屆進球數最多的紀錄保持人，那一年的世界盃，有一個十八歲的少年技驚四座，幫助巴西拿下了世界盃的冠軍，這個名為比利的少年，在當屆也不過只攻進了六球。

一九八二年與一九八六年世界盃，法國再度出現改變法國足球歷史的巨星，那就是大家後來都很熟悉的普拉提尼（Michel Platini），這名全能的中場球員，除了贏得法國史上首度的歐洲盃冠軍，更是兩度將法國隊帶進了世界盃四強。在足球史上有兩個最著名的球王，當年比利搶走了方丹的光芒，而馬拉度納則是擋在普拉提尼的面前，法國隊在狀態最好的時候，卻不幸碰上兩名球王統治足球的年代，讓他們始終未能觸摸那原本是由法國人建立的王座。

種族大熔爐的活力

一九九八年法國第二度主辦世界盃，這次他們有了完全不同的背景，在經過二十年的廣納移民之後，法國成了一個外來人口超過十%的國家，這些移民為法國帶來了龐大的勞動力，對於足球來說，更是注入了一股新血，不同語言、文化、生活習慣，難免產生衝突，但是足球是一種共通的語言，不會因為你的膚色而影響你的技術，除了是融入與溝通的橋樑外，在足球事業上的成功，還可以為生活艱困的移民子弟帶來富裕的生活。

法國特有的浪漫也是一個重要關鍵，法國人的足球不拘泥於形式，對於球員的培養，更多的是開放與自由想像，這也讓不同種族的球員，得以散發自我的天性，各種獨特的性格最後終會形成一個共同的樣貌，而不是無法相容的混沌。

法國國家隊逐漸成長為3B球隊，也就是黑人（Black）、白人（Blanc）、阿拉伯人（Beur）所共同組成，在一九九八年的那批巨星中，有塞內加爾血統的維耶拉（Patrick Vieira）、迦納血統的德賽利（Marcel Desailly）、法屬西印度群島血統的亨利（Thierry Henry）與圖拉姆（Lilian Thuram）、阿爾及利亞血統的席丹（Zinedine Zidane）、新喀里多尼亞血統的卡倫布（Christian Karembeu）、阿根廷血統的特雷澤蓋（David

Trezeguet）、波蘭、亞美尼亞及蒙古游牧民族血統的佐卡耶夫（Youri Djorkaeff）、巴斯克血統的利薩拉祖（Bixente Lizarazu），可以說，法國靠著全世界贏得了世界盃。

源源不絕的新鮮力量

雖然許多球員已經是移民第二代甚至第三代，理論上不應再去深究每個球員的血統，但很明顯的是法國隊的組成，依然倚靠來自四面八方的移民子弟，在歐洲經濟發展腳步放緩之後，許多右派團體崛起，各國開始反對接納過多的移民，法國當然也不例外，在國家隊甚至發生過總教練布蘭克（Laurent Blanc）與隊職員討論國家隊中「真正法國人太少」的議題，而遭到各界抨擊，這也導致許多不同族裔的法國球員，轉而效力自己父母或是祖父母的國家隊。

不過這並沒有讓法國的足球發展停滯，二〇一八年法國隊贏得他們的第二座世界盃冠軍，法國一直有歐洲最好的青少年培訓計劃，法甲聯賽體系成熟，也是非洲球員進入歐洲的入口，雖然表面上有一些種族歧視的言論，然而法國隊成為世界隊的趨勢，是不可能阻擋的，法國的足球人才，至今依然源源不斷的出現，法國隊唯一的問題，是這麼多的天才球員，彼此能不能和平相處，這是別人想要，卻無法擁有的煩惱。

喚醒世界的高盧雄雞

高盧雄雞是法國體育圈重要的象徵，包括奧運會與足球國家隊，乃至於橄欖球、擊劍、射箭、冰球等協會的吉祥物，都是雄雞，其實一開始這並不是一個好聽的稱呼，古羅馬人稱如今法國一帶為高盧地區（Gallia），住在這片土地上的人為高盧人（Gallus），而Gallus在拉丁文中有公雞的意思，周邊幾個國家的人，以此來嘲諷高盧人如公雞般好鬥，但是高盧雄雞這個稱號，在十六世紀之後，卻漸漸為法國人所喜愛，因為公雞在法蘭西文化里也有驍勇善戰和精力充沛的意象。

法國大文豪雨果曾經寫下這樣的詩句：

「Mais c'est le coq gaulois qui réveille le monde:
Et son cri peut promettre à votre nuit profonde
L'aube du soleil d'Austerlitz!」

「但是喚醒世界的是高盧雄雞：
牠的啼聲可以向你深沉的黑夜
允諾奧斯特利茨太陽（照耀）的黎明！」

奧斯特利茨位於捷克境內，是當年拿破崙擊敗俄羅斯與奧地利聯軍的地點，瓦解了第三次反法同盟，雨果對於高盧雄雞可以為法國帶來勇氣與希望深信不疑，世界盃是法國人所創造，卻曾經一度遠離它，在經過長期的低迷之後，終於有了閃耀的黎明。

法國人一直有著截然不同的精神寄託，雄雞與鳶尾花，堅毅與浪漫，渴望勝利與追求雅致，但其實兩者並不衝突，它們共同造就了今日法國。

偉大的海洋之路——澳大利亞

Australia

既是島嶼也是大陸

依照地理學的標準，比澳洲大的稱之為大陸，比澳洲小的稱之為島嶼，因此你可以稱澳洲是最小的大陸，也有人認為澳洲是世界上最大的島，以大小而言，澳洲有點邊緣，以位置而言，澳洲有點邊緣，或許這也反映了澳洲在世界足壇的地位，邊緣而且尷尬。由於大洋洲缺乏足球強權，大部分的國家都是島國，腹地狹小人口稀少，且軟硬體設備較為缺乏，二〇〇一年澳洲在大洋洲世界盃資格賽以三十一比零擊敗美屬薩摩亞，創下了足球史上正式比賽的最大勝利，但再多的淨勝球，當你無法進入世界盃，這一切都沒有太大意義。

大洋洲真正具有競爭力的只有澳洲與紐西蘭，除了以色列曾經短暫加入大洋洲，以及紐西蘭偶有佳作，大部分的時間，澳洲幾乎掌握了大洋洲的世界盃出線權，一九七四年亞洲區與大洋區共享一個晉級世界盃的名額，澳洲在決賽擊敗韓國，第一次出現在世界盃，但在這之後的七次世界盃，澳洲屢次倒在了跨洲資格賽，可以說，澳洲的足球實力絕對是一方之霸，但是真要稱它為足球強國，又似乎有那麼一點差距。

跨洲對決的痛

一九八六年開始，大洋洲區的世界盃資格賽與亞洲區分開，大洋區第一名，必須與其他洲區對決爭取跨洲名額，一九八六年澳洲倒在蘇格蘭腳下，一九九〇年被參與大洋洲資格賽的以色列擠掉，一九九四年被阿根廷擊敗，一九九八年不敵伊朗，二〇〇二年再度被南美洲區的烏拉圭擊退，除了總是拿不到世界盃的門票外，澳洲發現了另外一個嚴重的問題，那就是在大洋洲能碰到的強隊太少，這讓澳洲隊在國際賽的對抗性明顯衰退，而這又讓澳洲在跨洲資格賽處於劣勢，形成惡性循環，讓澳洲在足壇的地位「永遠不上不下」。

為了解決這個難題，為澳洲足球運動尋求突破，二〇〇五年澳洲足協做出了一個重大決定，他們退出大洋洲足聯，並申請加入亞洲足聯，有趣的是，這個決定同時受到大洋洲足聯跟亞洲足聯的熱烈歡迎。就亞洲足聯的立場而言，澳洲的加入可以增強亞洲足聯的實力，並以此向國際足總要求增加世界盃名額；同時因為澳洲的加入，當時正在發展的亞洲冠軍聯賽，有了澳洲聯賽的球隊加入，可說是如虎添翼。就大洋洲足聯而言，澳洲足球實力雖強，但對諸島國而言，是一個無法逾越的障礙，一旦澳洲脫離大洋洲足聯，也許其他國家就會有更多的機會挑戰世界盃。

在異世界取得突破

二〇〇六年世界盃資格賽是澳洲最後一次參加跨洲資格賽，彷彿這是大洋洲留給他們的最後禮物一般，他們跟烏拉圭戰成一比一的平手之後，進入PK大戰，最終奇蹟似的贏下比賽，等待了三十二年的世界盃門票總算重新回到澳洲人手中，在重新加入亞洲足聯之後，就好像轉生到一個異世界一樣，這裡有更多的強隊，但是正因為如此，澳洲隊更能顯示出他們原本的實力，澳洲連續五屆踢進世界盃，而且整體實力經過亞洲區的洗禮之後，越來越堅強。

二〇一〇年澳洲首度參加亞洲區世界盃資格賽，立刻就拿到了參加世界盃的資格，而紐西蘭則是藉著澳洲離開大洋區的空缺，跨洲挑戰巴林成功，也就是說，大洋洲因而多了一次參加世界盃的機會，二〇一八年及二〇二二年世界盃資格賽，澳洲兩度落到了跨洲資格賽，但他們分別擊敗宏都拉斯及秘魯，成功闖進俄羅斯及卡達世界盃。以結果論而言，等於是亞洲區因為澳洲的出色表現，多出了兩次參加世界盃的機會，挑戰異世界的結果是三贏的局面，亞洲區跟大洋區都多出了參加世界盃的機會，而澳洲與世界足球強隊的距離，也好像沒有那麼遙遠了。

接近世界屋頂的黃金世代

雖然經常被嘲笑是偽強隊，但是澳洲曾經真的有那麼一刻，陣容的完整度可以被視為超級黑馬，發揮穩定的守門員史瓦澤（Mark Schwarzer）、後防的定海神針內爾（Lucas Neill）、天才邊鋒科威爾（Harry Kewell）、超級坦克維杜卡（Mark Viduka）、彈跳力驚人的澳洲袋鼠卡希爾（Tim Cahill），共同構築了澳洲的黃金世代。

加上其他大批效力於英超、西甲、義甲的好手，澳洲可以組成一支幾乎純旅歐的國家隊名單，加上請來了荷蘭名帥希丁克（Guus Hiddink）執教，他採取了強調體能與身體對抗的全場壓迫防守，搭配幾名鋒線上的天才，來進行反擊，在小組賽力壓克羅埃西亞與日本。進入十六強淘汰賽面對義大利，則是打出了澳洲足球史上的經典戰役，面對當年最後取得冠軍的強隊，澳洲全場不但沒有落於下風，甚至在場面上壓制對手，還一度有機會取得勝利，可惜雙方僵持到比賽第九十五分鐘，因為一個十二碼罰球，導致球隊被淘汰出局。

平穩還是平庸

雖然澳洲在二〇〇六年之後，每次都能夠順利進軍世界盃，但是卻有令人為其擔憂的趨勢，二〇一八年在俄羅斯，他們不得不依靠已經三十八歲的老將卡希爾，二十五歲以下的球員也鮮少有機會入選國家隊，大部份的澳洲球員依然在歐洲聯賽效力，卻已經難以進入豪門球隊的法眼，只能在中游球隊徘徊，該贏的比賽他們還是能夠贏下來，可是面對實力較強的球隊，他們也幾乎威脅不了對手，不禁讓人懷疑，這樣的澳洲究竟是實力穩定，還是已經逐漸變為平庸。

在澳洲足球史上出賽最多的十名球員，沒有任何一位現役球員；在澳洲足球史上進球最多的十名球員，也沒有任何一位是現役球員，缺乏主幹與缺乏明星，是現在澳洲最大的難題。澳洲在亞洲區資格賽的過程中，明顯在技術上比不過日本與沙烏地阿拉伯，即便是跨洲資格賽擊退秘魯，也只是在一場比分零比零，內容乏善可陳的和局中，以PK大戰幸運獲勝晉級，絲毫沒有一點霸氣可言，澳洲本土職業聯賽也逐漸失去吸引力，近年來在亞冠的戰績不佳，更沒有以往大牌球星退役後前來效力的榮景，沒有人質疑澳洲有足夠的實力，但也沒有人期待他們能挑戰世界，在世界盃的表現也沒能超越日韓等亞洲國家。

大洋拓荒之路

澳洲是地球上最古老的大陸，但卻是最晚開發的地點之一，在短短的一百多年間，湧入了各式各樣的種族，從農業、畜牧、礦業到科技業，迅速開發成最現代化的國家，在這裡還有已經生活了四萬年以上的原住民文化，可以說，新舊而多元的融合與衝擊，就是澳洲的基本樣貌，足球運動在澳洲的發展亦是如此，澳洲足球在地理上處於世界的邊緣，在歷史上的起步甚晚，在賽事的參與上也經過反覆的變化與掙扎。

也許這就是這個新開拓國家的宿命，澳洲足球在短短的時間內，衝上了巔峰，又迅速歸於平淡，然而厚積的實力依然存在，只要能夠有出色的領導者出現，隨時都有可能再度爆發，澳洲大陸的地勢看起來平坦，但莫忘了它可是建立在一片高原之上，世界透過了大洋之路走向澳洲，有一天，澳洲也會透過大洋之路走進世界。

永遠的童話——

丹麥

Denmark

北海帝國

丹麥曾經建立歐洲史上最龐大的海洋帝國，在十一世紀時，丹麥國王克努特大帝（Knud den Store），統治包括現今英格蘭、丹麥、挪威，以及部分瑞典及德國領土，把北海變成自家內海，掌握了歐洲的海上霸權，這個帝國在克努特離世後迅速瓦解，在後續將近千年的多次戰爭中，丹麥屢次戰敗，最後領土縮小至現在的日德蘭半島及周邊的眾多小型島嶼。

雖然國土面積不如以往，軍事上的實力大幅衰退，可是丹麥卻逐漸發展成一個經濟繁榮、社會福利優沃，並且重視藝術、音樂、文化的國度，其中最為大家熟知的便是安徒生的童話故事。在丹麥，安徒生的身影無所不在，其實安徒生的童話來自他四處遊歷所收集到的民間傳說，所以我們應該說，丹麥的童話無所不在。

古老的足球國度

過去曾有一種傳言，說足球的起源是來自英格蘭與丹麥作戰時，獲得勝利之後砍下丹麥士兵的頭顱，將頭顱用腳踢開的慶祝儀式，當然這只是一種穿鑿附會，即便真有這樣的故事，那也跟現代足球的發展沒有任何關係，但是丹麥的足球運動，卻真的與英格蘭有著深厚的淵源。

成立於一八八九年的丹麥足協，是世界上最古老的足球組織之一，這得益於十九世紀末期，大批英格蘭工人進入丹麥，把英格蘭最流行的運動也帶了進來，當一九〇四年國際足總成立之時，丹麥是最早的創始會員之一，一九〇〇年及一九〇四的奧運會，足球項目還屬於邀請表演性質，沒有設置獎牌，丹麥也沒有受到邀請，一九〇八年及一九一二年的奧運會，丹麥正式參賽，兩度獲得足球項目的銀牌，而這兩屆的金牌得主，都是當時真正的足球霸權——英國隊，如果以奧運獎牌作為標準，你要說在足球誕生初期，英國與丹麥是真正的足球王國，應該也不為過。

世界盃的觀眾

一九三〇年世界盃誕生，足球運動正式進入蓬勃發展的時期，丹麥反而開始停滯不前，只有在一九六四年的第二屆歐洲國家盃拿到第四名，一直到一九八六年首度踢進世界盃，丹麥一直游離在世界足壇之外，成為標準的世界盃觀眾，做為一個ＦＩＦＡ的創始國，這樣的表現確實有點說不過去，要知道其他幾個ＦＩＦＡ創始國法國、荷蘭、比利時、瑞士、瑞典、德國、西班牙，就算不能稱為一級足球強國，至少也都是世界盃的常客，而丹麥的成績卻遠遠落後這些同時期發展足球的國家。

丹麥一直是一個運動文化相當興盛的國家，對於運動有著極高的理想性，反而因此在足球的發展路線上出現矛盾，丹麥並不缺乏優秀的足球運動員，但是在一九二〇年代到一九七〇年代之間，丹麥足協對於在國際賽事爭取成績興趣缺缺，只專注在參加地區性賽事，或是友誼性質的邀請賽，同時對於職業運動員的排斥，也是一個重大原因，丹麥足協一直想遵循奧運精神，不讓職業選手進入國家隊，這也使得許多丹麥足球員，在荷蘭、德國及比利時等職業聯賽效力，移居國外後也鮮少為丹麥效力，使得丹麥長期以來無法組成一支反應其足球實力的隊伍。

你一定很難想像，從一九一一年到一九六一的五十年之間，丹麥國家隊竟然沒有總教練的職位，有多達一百六十九場比賽，丹麥是在沒有教練的情況下出賽，到了一九六一年之後，用的是訓練與比賽分開的雙教練模式，也就是一個教練負責訓練，比賽時再讓另一名教練帶隊，一直到一九七九年，丹麥才聘請了他們史上第一位專責的國家隊教練，來自德國的皮昂特（Sepp Piontek），丹麥長期以來戰績不佳也就可以想像。

職業足球帶來的飛躍

一九七一年丹麥足協做了一個重大宣示，將在國家隊徵召職業選手，同時也逐步的推動丹麥聯賽的職業化，這個改變立刻瞬間強化了丹麥的足球競爭力，許多在周邊國家踢球的好手，開始為國家隊效力，不到十年的時間，丹麥就迅速的重新回到歐洲足壇的主流地位，加上開始聘任專責教練，並且強化訓練設施，一九八四年丹麥重返歐洲國家盃，立刻就迅速回到四強的行列。

一九八六年世界盃資格賽，丹麥再度顯示出驚人的爆發力，在歐洲區與蘇聯、瑞士、挪威、愛爾蘭同組，出人意料的以小組第一的名次順利踢進世界盃，這也是丹麥在世界盃創立以後，首度得以參賽，這個長達五十六年的等待，積蓄了足夠的能量，讓他們在墨西哥掀起一陣旋風，在小組賽丹麥取得驚人的三連勝，先是將世界盃老手蘇格蘭踩在腳下，再以震驚全球的六比一狂勝前世界冠軍烏拉圭，最後以二比零力克當時如日中天，後來打進決賽的西德隊，雖然在淘汰賽中敗給西班牙，但是丹麥的表現已經超乎想像。

醜小鴨的奇蹟夏天

一九九一年南斯拉夫解體，巴爾幹半島爆發戰爭，歐足聯在一九九二年歐洲國家盃前夕，突然宣布禁止南斯拉夫參賽，緊急通知在資格賽排在南斯拉夫之後，遭到淘汰的丹麥遞補參賽，由於通知的時間是在比賽前十天，大部分丹麥球員在賽季結束後早已出國渡假，陣中球星勞德洛普兄弟（Michael Laudrup and Brian Laudrup），因為之前與教練有磨擦，宣布退出國家隊，兩人還在休假來不及歸隊，最後只有小勞德洛普接受勸說勉強及時趕回，丹麥就這樣在完全沒有準備的情況下，前往瑞典參加歐洲國家盃。

在幾乎沒有時間演練戰術的情況下，丹麥只能選擇以堅強的防守來應對強敵，丹麥隊以門神舒梅切爾（Peter Schmeichel）為核心，搭配小勞德洛普在中場的供輸製造反擊機會，就憑藉著這樣簡單的戰術，丹麥一路殺進決賽，並擊敗德國拿下冠軍，正如同安徒生童話知名的角色醜小鴨一般，從一路不被看好，最後一飛衝天，更有趣的是，當年歐洲國家盃的口號是「小而美麗」（Small is Beautiful），這不正是在形容丹麥嗎？當年主題曲是由瑞典歌手約巴克（Peter Jöback）與亞爾內克（Towe Jaarnek）所演唱的〈More Than a Game〉，更是貼切的表達了丹麥在這次完成的童話故事。

童話不是騙人的

一九八〇年代末期，丹麥憑藉著勞德洛普兄弟營造了新的局面，最後兩人一起效力荷蘭的阿賈克斯足球俱樂部，並一起宣佈退休，兄弟在場上合作無間，造就了一個時代，守門員舒梅切爾父子（Peter Schmeichel and Kasper Schmeichel）兩人，在同一個年齡拿下英超冠軍，小舒梅切爾更是在世界盃上打破了父親所保持的國際賽連續不失球紀錄，二〇二〇年歐洲國家盃，丹麥的傳球大師艾歷克森（Christian Eriksen），在比賽中因心臟停止而緊急送醫，在十個月後，原本被醫界認為已經不可能繼續運動員生涯的艾歷克森，再一次代表國家隊出賽，而丹麥，將會在他的帶領下，走向卡達世界盃。

那些你以為只會在童話中出現的故事，在現實中就這樣真的發生了，丹麥人的足球之所以令人驚奇，正是因為他們相信世界上沒有不可能發生的事，他們可能沒有世界上最強的球星，但他們有最團結的隊伍，以及信奉奇蹟的傳統，在足球場上，丹麥的球迷綽號叫做「Roligan」，這是一個跟足球流氓（hooligan）相對的名詞，意思是以平和、優雅的方式，來慶祝並參與足球運動，這是不是非常有童話的感覺呢？在這裡，你永遠分不出，究竟是童話造就了丹麥，還是丹麥造就了童話。

文明十字路口——

Tunisia

突尼西亞

戰火交織的非洲北端

突尼西亞可能不是很多人熟悉的名字，但是提起羅馬時期迦太基的軍事天才漢尼拔（Hannibal Barca），那可是無人不知、無人不曉，突尼西亞的首都突尼斯，就是當時迦太基的所在地，雖然現在居住在這裡的早已是阿拉伯人，而非當時的腓尼基人，迦太基古城早就化為塵土，但是不論是兩千多年前，或是在二十一世紀的現在，有一點是不會改變的，那就是突尼西亞一直都是歐洲與非洲文化的交界處。

突尼西亞的位置非常重要，它位於非洲最北端，與西西里島控制了地中海的航道，在第三次布匿戰爭之後，羅馬人燒毀迦太基，到了凱撒時期，重新在這裡建立城市，並設了阿非利加行省（africa），這也是非洲大陸稱呼的起源。全盛時期這裡曾經有超過六十萬人口，是羅馬以外的第二大都市，後來阿拉伯人佔領北非，這裡又轉變為阿拔斯王朝（Abbasid）的中心，在十字軍東征時，這裡再度被摧毀，後來陸續被西班牙、維京海盜、鄂圖曼土耳其等反覆爭奪，一直到十九世紀末成為法國的殖民地，二次大戰時再度被義大利及納粹德國入侵，突尼西亞就這樣一直在戰火中被摧毀，然後再重建。

曾經不被允許的運動

突尼西亞被列強多次入侵、佔領的命運，在足球世界裡一樣無法倖免，足球運動在十九世紀末期傳入突尼西亞，在這裡成立了許多足球俱樂部，有法國足球俱樂部、義大利足球俱樂部、以色列足球俱樂部，甚至有馬爾他足球俱樂部，但是卻不准當地的穆斯林參與足球運動，這種種族歧視的現象，一直到一九一九年，才開放當地人籌組足球俱樂部，而這個首次收容在地穆斯林球員的球隊，也恰如其名，叫做「非洲人俱樂部」（Club Africain）。

由於長期屬於法國領土，突尼西亞一直未能取得在國際出賽的資格，一直到一九五六年突尼西亞脫離法國獨立，終於成立了屬於自己的足協，並且於一九六〇年正式加入國際足總，開始了他們挑戰世界的旅程。突尼西亞在一年之內瘋狂的踢了二十三場國際賽，彷彿要將過去六十年的缺憾一次補足，這一年他們留下史上最大比分落敗的紀錄，以十比一敗給了當時的歐洲一級強隊匈牙利，這一年他們也成就了史上最大比分勝利，他們以八比一擊敗台灣。

衝出非洲之路

一九七八年突尼西亞進行他們的世界盃挑戰，先是在淘汰賽先後淘汰同樣來自北非阿拉伯世界的摩洛哥與阿爾及利亞，接下來擊敗迦納進入最終小組賽，與埃及、奈及利亞搶奪最後的門票，在三強鼎立的情況下，成功獲得史上第一次參加世界盃的機會，不過在阿根廷的經驗沒有想像中的美好，突尼西亞在小組賽被淘汰出局，完成在世界盃的首航。

足球世界當然沒有你想得那麼順利，在首度參賽後，有長達二十年的時間，突尼西亞再也沒能突破非洲的桎梏，無法順利晉級世界盃的會內賽，時間到了一九九八年，突尼西亞開始從海外尋找具有突尼西亞血統的球員，同時也開始嘗試歸化在突尼西亞聯賽踢球的外國人，這是許多阿拉伯國家在一九八〇年代之後常見的作法，突尼西亞的經濟實力雖然不差，但是以海洋貿易為主的文化，在投資上似乎更謹慎精明，他們不像中東的油王，總是一擲千金，他們只選擇在關鍵的位置上面補強，最後達到不錯的效果，一九九八年突尼西亞人回到夢寐以求的世界盃賽場上。

自此之後，突尼西亞連續三屆闖進世界盃，成為不可忽視的非洲強權，二〇〇六年可說是突尼西亞足球史上陣容最好的一次，長期在英格蘭聯賽踢球的賈伊帝（Radhi Jaïdi），以阿拉伯世界少有的壯碩身材，坐鎮球隊的後防線，從巴西歸化的桑托斯（Francileudo Santos），成為進攻線的主要破門機器，加上多位在英格蘭、德國、法國等各聯賽效力的球員，已經走向國際化的突尼西亞，被期待可以大顯身手。

但是他們在世界盃的表現總是平淡而無味，走得出非洲進不了世界，似乎成了他們的習慣，到世界盃走了三回，竟然沒有贏得任何一場勝利，二〇〇六年的黃金陣容也只在面對孱弱的中東兄弟沙烏地阿拉伯時撈到一場平局，顯然突尼西亞的足球發展之路，已經遇到了瓶頸，這也讓突尼西亞暫時停下了挑戰世界盃的腳步。

二〇一八年突尼西亞再度回歸，這次他們的組成更加多元，大部分球員在國外聯賽效力，尤其是哈紮利（Wahbi Khazri）為首的法國幫，許多都是在法國出生長大，這次他們也終於在面對巴拿馬的比賽，拿下了一場世界盃勝利，當然，在小組賽出局是他們難以避免的結果，不過隨著整體旅外實力的上升，二〇二二年世界盃會是他們另一次追逐夢想的機會，突尼西亞人曾經為自己爭取到獨立，也爭取到踢足球的機會，當然也不會放棄爭取在世界盃走進下一個階段。

非洲的阿拉伯歐洲文明

突尼西亞可說是衝突與融合的中心點，以地理位置而言，這裡是非洲的頂端，更是非洲名稱的起源；以人口結構而言，這裡住的是阿拉伯民族，屬於穆斯林的國度；以文化淵源而言，這裡自古有羅馬的佔領，近代有法國的殖民，充滿了歐洲的文化氣息，來到突尼西亞，你可以感受到突尼西亞人的認同跨越了地理的疆界，遊走在歐洲、中東和非洲之間。

他們以穆斯林的身份自傲，簡樸忠誠的信仰著阿拉，堅守著千百年來的戒律。他們以非洲的一份子自傲，不論經濟發展或是政治體制，都做為非洲崛起的表率。他們以跟西方文明齊頭並進為榮，進行現代化教育，做好基礎建設。在社會制度上，甚至女性平權議題上，都遠超阿拉伯世界或非洲的其他國家，突尼西亞在與歐洲與阿拉伯世界等距的情況下，兼備了傳統與進步。

足球運動的文化反射

突尼西亞在強敵下默默耕耘、默默成長的法則，顯現在你意想不到的數字上面，突尼西亞是非洲晉級世界盃第二多的國家，他們總共六次參加世界盃，與摩洛哥、奈及利亞一樣多，僅次於喀麥隆，他們的ＦＩＦＡ世界排名曾經高居第十四名，但是你從來不會把突尼西亞排在足球強國的名單中，你可能叫不出任何一位突尼西亞球星的名字，但他們的實力就是如此穩定，自有ＦＩＦＡ世界排名以來，突尼西亞是唯一不曾排名在七十名以外的非洲國家。

突尼西亞的足球運動，反應了他們是一個什麼樣的國家，他們總是融合了各種不同的球風，身型跟中東的沙烏地阿拉伯類似，但是對抗更強悍一些，技術跟北非的埃及類似，但是更注重整體戰術，他們把阿拉伯民族特有的協調性與歐洲人嚴格的執行紀律融合在一起，這就是突尼西亞的特色，也是一千多年來他們的生存之道，足球最迷人的地方也許就在於，有時候你不只是站在綠色的草皮上，也是站在文明的十字路口。

YOU'LL NEVER WA
adidas

山與海之間——

西班牙 Spain

40° 23′ N 3° 43′ W

歐洲之外的歐洲

伊比利半島與法國隔著庇里牛斯山，自古以來形成與歐洲大陸的天然屏障，這裡屬於歐洲，但又遺世獨立，阿拉伯帝國的全盛時期，曾經統治整個伊比利半島，由於庇里牛斯山的阻隔，沒能將勢力推進到法國，在這裡留下了許多穆斯林的文化色彩，後來領土復興運動中，基督徒花了將近七百年的時間，趕走了伊斯蘭教徒，開始在這裡建立一個又一個的基督教小王國，整個伊比利半島就這樣充滿了不同文化的風貌。

雖然在大航海時代的起步略晚於葡萄牙，但是西班牙迅速的建立人類史上第一個全球性的大帝國，有將近兩百多年的時間，地球的海洋屬於西班牙人，同時在歐陸也因為哈布斯堡家族入主西班牙王室，西班牙也成為在歐洲領土最多的國家，雖然有人稱英國為日不落帝國，事實上，西班牙的興起更早，影響的範圍比英國更大，尤其是英國在歐陸幾乎沒有太多領土，英國曾經統治海上、蒙古曾經統治陸地，而同時擁有海洋與陸地的，只有西班牙。

皇家的代表

足球在十九世紀末就開始傳入西班牙，並沒有在整個國家得到大規模的推動，許多在西班牙的外商，為了假日的休閒娛樂，自己在各地組成了足球的隊伍，瑞士商人成立了巴塞隆納足球俱樂部，來自英國的碼頭工人成立了畢爾包競技，從牛津與劍橋留學回國的學生，則是成立了「馬德里足球俱樂部」（Madrid Football Club），也就是後來的皇家馬德里，一九〇四年國際足總成立，當時西班牙還沒有官方的足球組織，因此是由馬德里足球俱樂部代表出席，形成了一個地方俱樂部代表一個國家的奇特現象。

一直到一九〇九年西班牙才成立西班牙皇家足球協會，並且在一九一三年正式加入國際足總，而原來的馬德里俱樂部，也在同一年退出國際足總，後來因為出色的戰績，被西班牙西班牙國王阿方索十三世，賜予「皇家」（Real）頭銜，正式成為皇家馬德里俱樂部，曾經「代理」過西班牙國際足球事務這件事，也逐漸被世人淡忘。

強大的聯賽與失落的國家隊

西班牙的足球俱樂部數量多而且競爭激烈，西班牙聯賽一直是歐洲乃至於全世界水準最高的足球聯賽之一，但西班牙國家隊卻長久擺脫不了在世界盃表現不佳的問題，皇家馬德里從一九五〇年代中期歐洲冠軍聯賽創辦之後，就開始稱霸整個歐洲足壇，來自西班牙的其他球隊在歐洲賽場也表現出色，雖然西班牙曾經吸引世界上最好的球員來到這裡效力，但只有一個最大的問題，那就是「西班牙拿不到世界冠軍」，一九五〇年世界盃西班牙曾經獲得第四名，但一直到二〇一〇年的六十年之間，再也沒有拿出可以上得了檯面的成績。

西班牙史上第一個足球巨星是斯蒂法諾（Alfredo Di Stéfano），他與匈牙利球王普斯卡斯（Ferenc Puskás），一起打造皇家馬德里歐洲霸主的地位，但是在那個國籍轉換條件寬鬆的年代，他曾經代表阿根廷、哥倫比亞、西班牙三個不同的國家出賽，這也讓他在國家隊的歷史貢獻受到質疑，普斯卡斯也有同樣的問題，他原本代表匈牙利，但後來又代表西班牙在世界盃出賽，或許正是因為這樣的爭議，兩大球王在職業生涯創下難以計算的輝煌紀錄，但是對西班牙國家隊的幫助卻不多。

經典大戰 El Clásico

西班牙有著多元文化，長期以來也有分裂的問題，地域文化的差異性，還表現在各區知名的同城德比戰上面，與其他國家，特別是英國的球隊對抗文化不同，西班牙的德比戰，往往還帶有更多族群對立的意涵，各區域既與中央對立，也在自己的區域裡互相對立，例如塞維利亞地區的塞維利亞（Sevilla Fútbol Club）與皇家貝迪斯（El Real Betis Balompié），巴斯克地區的畢爾包競技（Athletic Club de Bilbao）與皇家社會（Real Sociedad de Fútbol），巴塞隆納地區的巴塞隆納（Futbol Club Barcelona）與西班牙人（RCD Espanyol），當然還有首都地區的皇家馬德里（Real Madrid Club de Fútbol）與馬德里競技（Club Atlético de Madrid）。

而超越這些德比戰的，則是巴塞隆納與皇家馬德里之間的「戰爭」，被稱為「經典大戰」（El Clásico），有人翻譯為西班牙國家德比，事實上兩隊的關係，遠遠超過了足球比賽德比戰的範圍，巴塞隆納與西班牙的政治核心馬德里，有著非常激烈的對抗，巴塞隆納所處的加泰隆尼亞地區，長期以來尋求脫離獨立，在文化上、經濟上，都與馬德里有非常大的矛盾與衝突，在西班牙獨裁者佛朗哥將軍（Francisco Franco）進行高壓統治期間，加泰隆尼亞人只有在足球場上，可以跟馬德里人全力一搏，皇家馬德里與巴塞隆納都是世界足壇的超級強隊，但彼此間的對抗，讓球員在國家隊難以通力合作，其他地區雖然情況比巴塞隆納稍微和緩，但其實也有一樣的問題。

傳控足球的生與死

有些人會誤認西班牙的傳統球風，就是華麗而優雅，其實在上個世紀，西班牙的風格曾經被認為是粗糙的足球，西班牙以前的綽號有「紅色狂怒」（La Furia Roja）、「鬥牛士」（Los Toros），怎麼聽都是兇狠、強悍的意思，一直到普斯卡斯把匈牙利細膩的足球戰術帶到皇家馬德里，荷蘭足球教夫克魯伊夫把全能足球帶到巴塞隆納，才逐漸改變西班牙足球的內涵，現代傳控足球 Tiki-taka 的出現讓西班牙終於能夠一圓世界冠軍之夢，在二〇〇八年到二〇一二年之間，西班牙連續拿了兩個歐洲國家盃冠軍與一個世界盃冠軍，統治世界足球將近十年，就彷彿回到大航海時代的無敵艦隊一樣。

Tiki-taka的內涵除了全能足球所帶來的高壓逼搶、快速短傳之外，其實還要伴隨出色的個人防守能力，搭配精巧高效的前鋒，這種必須精密運轉、環環相扣的戰術，一旦任何一個位置出現問題，就會影響到整體運作，從「把球傳到門裡」的藝術，變成「把球傳到天荒地老」的尷尬，在二〇一〇年世界盃之後，傳控足球似乎瞬間魔力盡失，戰術被對手針對，重要的位置缺乏可以擔綱的大將，這正是西班牙足球現在所要突破的瓶頸。

再次共舞

西班牙曾經有過那套完美無比的陣容，普約爾（Carles Puyol）搭配拉莫斯（Sergio Ramos）的後防線、哈維（Xavi）與阿隆索聯手控場（Xabi Alonso）、托雷斯（Fernando Torres）與比亞（David Villa）的前鋒搭檔，那是一個不同門派的武林高手齊聚一堂，那是集六十年之大成的隊伍，或許錯過這個年代，我們就再也欣賞不到這樣的美景。

西班牙足球從早期被嘲笑的偽強隊，到建立不可一世的王朝，用了一甲子的時間，從各種衝突與交流之中，孕育出震撼世界的足球文化，建立一套特有的哲學與踢法，這裡既有鬥牛士，也有航海家，西班牙人會繼續追求在綠茵場上的追逐，那是最華麗美妙的舞步，那是山與海之間的風情。

燃燒的山丘——哥斯大黎加

Costa Rica

中美洲的小強國

在中美洲各國中，哥斯大黎加的各項發展都名列前茅，除了觀光旅遊人數最多外，還是中美洲科技產業的中心，經濟實力領先鄰近各國，由於有個平穩的民主體制，哥斯大黎加的教育、治安指標也都相當出色，他們是中美洲第一個推行義務教育的國家，早在一八六九年就已經規定所有人都必須在公立學校接受教育，所以識字率高達九十七%，以西班牙語為主的哥斯大黎加，也是中美洲能夠使用英語人口最多的國家，雖然人口不多，但可算是一個區域小強國。

經濟起飛與政治穩定，帶來的另一個好處，就是哥斯大黎加的足球運動也逐漸蓬勃發展，在世界盃的分區中，其實是將北美洲、中美洲、加勒比海三個區域放在一起，稱之為「CONCACAF」（the Confederation of North, Central American and Caribbean

Association Football），除了世界盃常客美國與墨西哥之外，身在中美地峽林立的小國之中，哥斯大黎加是近三十年來實力最穩定，也是唯一曾經踢出代表作的足球隊伍。

神奇米盧

一九八八年中北美洲及加勒比海U20錦標賽，墨西哥違規派出了超齡球員參賽，遭到國際足總的禁賽，使得一九八九年中北美及加勒比海錦標賽局勢變得複雜，哥斯大黎加原本應該在資格賽碰上強敵墨西哥，結果不戰而勝進到最後小組賽，最後力壓美國贏得了最後一屆冠軍（兩年後改制成美洲金盃），這讓他們取得了一九九〇年世界盃的參賽權，這也是哥斯大黎加史上第一次參加世界盃。

提到哥斯大黎加的足球，就不能不提到「神奇米盧」——來自南斯拉夫的教練米盧提諾維奇（Bora Milutinović）。一九八六年墨西哥在大地震之後重建，並且在不被各界看好的情況下，在世界盃踢出了出色的成績，墨西哥史上第一位外籍教練米盧提諾維奇功不可沒，一九九〇年世界盃前夕，哥斯大黎加足協希望身為世界盃的菜鳥，不要踢出太難看的成績，希望能夠尋找一位有在世界盃出賽經驗的教練，他們看上了曾經在墨西哥執教，已經適應拉美西班牙語區生活的米盧提諾維奇，決定邀請他到哥斯大黎加執教。

米盧提諾維奇到了哥斯大黎加的第一件事情，竟然是先撤換多名主力隊員，因為在他的執教風格中，非常重視球員的團隊紀律，他希望打造一個不倚靠個人能力，而是注重整體戰術配合的隊伍，哥斯大黎加在一九九〇年世界盃上連續擊敗了蘇格蘭與瑞典，進入十六強賽後才不幸敗給捷克，來自足球實力排名落後的中美洲，他們的處子秀表現震驚全球，「神奇米盧」之名不逕而走，這是中美洲國家在世界盃上的首場勝利，至今為止，中美洲國家總共只在世界盃上取得過五場勝利，而這五場比賽全都是哥斯大黎加所創造的。

二〇〇二年世界盃，率領過墨西哥、哥斯大黎加、美國、奈及利亞進入世界盃的米盧提諾維奇，執教首度踢進世界盃的中國隊，這也是他第五度帶領不同球隊征戰世界盃，創下空前絕後的紀錄，命運的安排就是如此巧妙，這一年哥斯大黎加也在睽違十二年後，再度參加世界盃，率隊的總教練，正是當年米盧提諾維奇手下的中場大將吉馬拉耶斯（Guimarães），師徒兩人狹路相逢，這次米盧不再神奇，以零比二敗下陣來，這也是米盧提諾維奇五次進軍世界盃，首度未能晉級淘汰賽。

整體實力創造驚奇

比起其他國家，哥斯大黎加確實缺少所謂的超級巨星，雖然在二〇〇〇年前後，身材高大的射手萬喬普（Paulo Wanchope）投身英超，成為哥斯大黎加史上第一位擠身世界頂級聯賽的球星，但是他的成就在歐洲足壇來說，顯然只能算是普普通通，哥斯大黎加從米盧時代開始，就建立非常強調整體性的戰術，以全場的高壓逼搶來壓制對手，所有球員在場上九十分鐘近乎瘋狂的跑動，其實也是這個國家對於足球運動熱情的表現，而他們也很明白，一群天份略遜於他人的球員，要如何用努力來彌補。

這支球隊每隔一段時間就會上演驚奇，二〇一四年巴西世界盃，哥斯大黎加落入「死亡之組」，同組的烏拉圭、義大利、英格蘭，通通都是曾經奪下世界盃冠軍的隊伍，哥斯大黎加當時全隊的身價大約兩千萬英鎊，被取笑甚至不如英格蘭國腳魯尼的一條腿，但就是這樣的一支隊伍，竟然憑藉著堅強的防守，加上快速反擊的能力，以小組第一的身份晉級，不論是個人能力出色的烏拉圭、大賽經驗豐富的義大利、球星如雲的英格蘭，面對不同的比賽風格，哥斯大黎加可以取得不敗戰績，顯見絕非憑藉運氣。

十六強賽哥斯大黎加迎戰同樣擅於防守的希臘，兩隊僵持進入ＰＫ大戰之後，希臘不幸遭到淘汰，八強賽哥斯大黎加面對球風奔放的荷蘭隊，以銅牆鐵壁般的防守令荷蘭無計可施，踢完一百二十分鐘後兩隊仍然未能取得任何進球，可惜這次的十二碼大戰哥斯大黎加成為落敗的一方，但是八強的成績已經是史無前例。

低調耕耘緩步前進

二〇一四年一役，一開始被嘲笑身價不如人的哥斯大黎加球員，賽後並沒有一夕走紅，歐洲足壇豪門似乎依舊對他們興趣缺缺，速度飛快的前鋒坎貝爾（Joel Campbell）租借流浪於歐洲各國，中場核心魯伊斯（Bryan Ruiz）在英超也表現不佳，最後依然只能黯然離開，其他幾位在後防表現出色的大將，也沒能得到歐洲俱樂部的青睞。

如果說上述哥斯大黎加球員的實力不夠頂尖，未能受到重用也許可以理解，守門員納瓦斯（Keylor Navas）受到的待遇就明顯不合理，許多人都評價納瓦斯是當代世界最佳門將之一，但是無論在效力皇家馬德里或是巴黎聖日耳曼期間，他都得不到重用，即使他出場時總是有傑出的表現，球隊還是想盡辦法要用新的守門員來取代他，也許這就是哥斯大黎加球員的原罪，一個名氣不夠響亮的國家，在市場上就是缺乏魅力，但這批球員就是在這些質疑聲中，繼續朝世界盃邁進。

期待再次爆發

現在的哥斯大黎加，依舊倚靠幾名在二〇一四年在巴西表現出色的球員，後防線上的納瓦斯依舊穩定，進攻還是要憑藉魯伊斯的才華，但是兩人都已經廉頗老矣，他們在中北美洲及加勒比賽區狀態不佳，讓加拿大取得美國、墨西哥以外的另外一個席次，必須進行跨洲附加賽，最終以一比零擊退了大洋洲的代表紐西蘭，想要在世界盃上有所斬獲，以現在的狀態恐怕極為困難。

哥斯大黎加座落在火山環之中，是世界上火山運動最活躍的地方之一，許多火山也是這個國家最熱門的景點，平靜的時候，高矗的山峰是如此的美麗，一旦積蓄力量爆發時，又是如此的狂暴與危險，哥斯大黎加的奇蹟一代已經走到尾聲，將來恐怕會有一段時間需要重新培養後起之秀，這段路也許會很長，但這個樸實低調的國家，也許不知何時又會噴發他們積累的力量，就跟他們屢次上演的驚奇一樣。

交響的樂章——

德國

Germany

在有與沒有之間的創始國

足球傳入德國的歷史相當悠久，很早就有各地的英國人與美國商會在德國進行足球比賽，當時德國並沒有所謂的運動風氣，一直到一八八〇年代，足球才開始慢慢流行起來，但是各邦一直各自為政，到了一九〇〇年才由八十六個俱樂部派出的三十六名代表，在萊比錫宣布成立德意志足協，比起其他國家已經稍微有點晚了，德國足協一成立便積極參與國際事務，一九〇四年國際足總在巴黎成立，德國代表不知什麼原因竟然錯過了成立大會，最後只能發出電報表示德國願意加入國際足總。

因此形成了國際足總的創始國，屬於有德國也沒有德國的薛丁格狀態，嚴格來說，國際足總的創始國是法國、比利時、丹麥、荷蘭、瑞典、瑞士等六國，西班牙當時還沒成立西班牙足協，只能派皇家馬德里的代表出席，西班牙同樣處於既是創始國又不是創始國的狀態，但是國際足總曾經表示，德國足協在國際足總的地位是「從一開始就在那裡」（nichtsdestoweniger in der ersten Stunde mit dabei）。

奧地利與納粹恩仇史

一九三〇年歐洲大部分國家抵制烏拉圭世界盃，因此德國到了一九三四年才首度參加義大利世界盃的賽事，當時希特勒認為德國應該是世界第一強國，不論是在軍事、體育上，都要奪得第一，一九三四年的世界盃，義大利在墨索里尼的全力動員下，贏得了冠軍，納粹德國只拿到了季軍，這讓希特勒覺得非常沒有面子，一九三六年奧運會，在各種地主優勢與強力運作下，德國在金牌榜上奪下榜首，更加深了希特勒對於世界盃的渴望。

一九三八年三月，希特勒入侵奧地利，推動德奧合併，並且宣布奧地利在一九三七年十月所取得的世界盃參賽資格無效，同時強迫奧地利的球員加入德國隊，一九三四年奧地利在世界盃踢進四強，在當時擁有出色的實力，因此德國認為此舉對於德國在世界盃的競爭有所幫助，沒想到最終義大利衛冕冠軍，而德國隊在第一輪就被瑞士以四比二淘汰出局，雖然不能證明五名上場比賽的奧地利球員故意輸球，但這個舉動顯然適得其反。

三支德國隊

二次大戰結束後，德國一分為三，英、法、美占領區合併，成立德意志聯邦共和國（被稱為西德），蘇聯佔領區成立德意志民主共和國（被稱為東德），另外在西南部的薩爾保護領（Saarprotektorat）名義上獨立，實際上由法國管理。一九五〇年德國仍然被禁止參賽，一九五四年世界盃資格賽，西德與薩爾同時派隊參加，兩隊還分配在同一組，最後西德不但踢進世界盃，還上演伯恩奇蹟，在決賽中匈牙利一開賽就取得兩球領先，沒想到短短不到十分鐘，西德就連進兩球追平，最後在下半場即將結束之前，攻進第三球，最後完成三比二的大逆轉。

這場勝利對於當時的西德來說非常重要，在納粹時代，希特勒想方設法都無法在世界盃取得好成績，而當戰後德國百廢待舉，民族自尊心嚴重受挫的同時，這個世界盃冠軍對於德國人來說有如醍醐灌頂，讓他們有了一個共同投入的目標，德國的精密工業與足球，成了戰後德國在國際舞台上最重要的兩個象徵，一九五八年世界盃，東德也加入世界盃資格賽的行列，在足球世界裡，同時出現了三支德國隊。

上天安排的相遇

巴西是世界盃奪冠最多的球隊，而德國則是戰績最穩定的球隊，從一九五四年奪冠之後，德國每次都能踢進世界盃，並且總共贏得四次冠軍、四次亞軍、三次季軍與一次殿軍，而且每隔幾年就會出現一個稱霸的世代。一九七四年，東德與西德同時踢進世界盃，一切彷彿是上天的安排，東德與西德在小組賽竟然被抽到同一組，這也是東西德在正式比賽中，第一次也是最後一次的相遇，最終結果是東德以一比零擊敗西德，兩隊同時攜手進入第二輪。

西德在足球皇帝碧根鮑華、超級前鋒慕勒（Gerd Müller）的帶領下，一路殺進決賽，最後擊敗在歐洲的宿敵荷蘭隊，贏下德國史上第二座冠軍，東德贏得交手時的勝利，西德贏得最後的冠軍，一時之間，好像東西德球迷的內心都得到了滿足。

美妙的復仇

一九八二年德國在淘汰賽擊敗普拉提尼領軍的法國，決賽碰上最不想輸的義大利，結果義大利金靴羅西（Paolo Rossi）與歐洲足球先生魯梅尼格（Karl-Heinz Rummenigge）的對決，由義大利獲勝，一九八六年德國再度淘汰普拉提尼領軍的法國，這次決賽碰上的是阿根廷，結果德國天王馬泰斯（Lothar Matthäus）與阿根廷球王馬拉度納的對決，再次讓德國嘗到決賽落敗的苦果。

一九九〇年義大利世界盃，已經連續兩度倒在決賽的德國隊捲土重來，這次帶著近乎完美的陣容，中場的馬泰斯比四年前更加成熟，已經成為球隊的領袖，鋒線上的克林斯曼（Jürgen Klinsmann）與沃勒（Rudi Völler）組成了完美搭檔，布雷默（Andreas Brehme）指揮的防線固若金湯，決賽中再度碰上馬拉度納，但這次阿根廷金童孤掌難鳴，阿根廷的陣容很難跟已經成熟的德國隊對抗，德國最後收下了他們第三座的冠軍金盃。

勒夫的成與敗

德國在一九九四年及一九九八年世界盃，兩度止步八強，二〇〇二年再度奪下亞軍，但德國已經意識到，德國的足球需要重整，決定要做一個長期的規劃，德國足協二〇〇六年與多位主帥面談討論之後，最終決定要由當時擔任國家隊助教的勒夫（Joachim Löw），接掌兵符，並同時領導整個德國足壇的改革計劃，包括了從青訓體系就培養符合德國國家隊戰術風格球員，引進全新的科學訓練系統，還有灌輸勒夫式的快速進攻足球。

勒夫所建立的體系讓德國產生了第三個王朝，在二〇一〇年的世界盃季軍之後，二〇一四年奪下了史上第四座冠軍，尤其是德國在四強戰以七比一擊敗巴西，成為足球史上最經典的一役，受到缺乏強力前鋒困擾多年的德國隊，在勒夫採取快速跑動加上無鋒陣型的戰術下，踢出了前所未有的風貌。但勒夫的成功也埋下了隱憂，現代足球戰術的變化之快難以想像，在西班牙與德國的成功之後，掌握控球快速傳導的戰術確實風行多年，但二〇一八年衛冕軍德國出現在俄羅斯時，已經成了各隊研究圍攻的對象，德國在小組賽就被淘汰出局，成了歷史上戰績最差的一次。

美妙的交響樂

如果你印象中的德國足球，崇尚的是鋼鐵意志，猶如機械般的精密戰術，那就真的誤會大了，德國是全世界交響樂團最盛行的國家，而德國足球就如同需要共同協奏的交響樂一樣，每個樂器都要能夠吟奏出自己獨特的風格，卻又要整體融合在一起，彼此間還必須互相協調。

德國能夠每隔幾屆世界盃就奪冠，同時還保持高度穩定的戰績，憑藉的其實是他們紮實的基礎訓練，比賽時又能夠將不同天份的球員組合成完美的樂曲，有時候琴弦難免鬆了，產生瑕疵與雜音，但是只要稍微把琴弦調緊，就能夠再度演奏美妙的樂章，我們所提到的那些名字，其實都是偉大的指揮家，勒夫用十年建立的德國霸權，看似一夕之間土崩瓦解，但是德國的歷史證明，他們的復甦是極快的，二〇二二年世界盃相信他們也會毫不意外的強勢回歸。

●再見杜哈——

日本

Japan

歷史悠久的足球史

日本在明治維新之後，興起現代化的浪潮，其中以福澤諭吉的「脫亜論」最具代表性，他主張日本應該脫離落後的東亞文化圈行列，以邁向歐洲文明為主要的路線，除了早期進入日本的蘭學、黑船事件發生後的美國文化，日本也向歐洲大陸軍事取經，陸軍學習德國，海軍則是以英國為師，據說一八七三年受邀至日本「海軍兵學寮」教學的英國教官道格拉斯（Archibald Douglas），以及跟隨來日的三十三名英國海軍士兵，閒暇時就會進行足球比賽，既能娛樂又可以訓練體能，後來日本學生也跟著興起同樣的運動。

雖然日本很早就有足球運動，但是發展卻相當遲緩，一直到一九二一年才成立日本足協，除了日本流行的運動項目頗多，例如棒球、相撲等都佔據了很大的運動市場，更重要的是日本一直沒有把足球運動視為職業化的重點項目，而是以校園運動及業餘運動為主，日本高中足球聯賽於一九一八年創辦，甚至比日本足協成立的時間更早，日本是個學校運動極為興盛的國家，足球運動人口不算少數，卻一直處於二流球隊的水準。當一九六〇年代韓國足球開始興起，並成為亞洲霸權的時候，日本甚至都還處在足球是一種校園體能教育的舊思維之下。

漫畫掀起足球風潮

一九八一年漫畫「足球小將翼」（キャプテン翼）開始連載，這可說是一部影響世界足球史的作品，誇張的動作與人物設定可說是天馬行空、脫離現實，但是卻在日本掀起了一股足球熱潮，尤其是漫畫中對於巴西足球的極度推崇及想像，讓日本人趨之若鶩，許多球員紛紛前往巴西進行足球留學，更重要的是引發了日本各界對於足球未來的渴望，日本足壇開始有心規劃他們的世界盃之路。

三浦知良就是這個世代的開創者之一，他在十五歲時就前往巴西留學，學習所謂的「技術流」足球，他在巴西的職業生涯不能算是成功，不停遊走於多支球隊之間，但是他帶回日本的影響是非常正面的，一九九〇年他回到日本，同年日本開始了足球職業化運動，開始籌備職業足球聯盟，在當時世界足壇職業化早已經是常態，日本在這條發展道路上，比起海峽對岸的韓國，整整落後十年。

J聯盟效應與杜哈悲劇

一九九三年是日本悲喜交加的一年，在那一年的五月，J聯盟正式成立，三浦知良與巴西歸化的中場拉莫斯瑠偉（Ruy Ramos，日文名：ラモス瑠偉），帶著當時聲勢如日中天的日本隊出戰世界盃資格賽，經過十年的努力，日本引進了新的教練，歸化了外籍選手，還培養出大批本土人才，同時完成足球職業化，當時幾乎所有人都自信滿滿，看好日本有機會首度踢進世界盃。

在最後的亞洲六強資格賽中最後一輪，日本將在卡達的杜哈（Doha）迎戰伊拉克，當時由於日本積分領先韓國一分，如果能夠擊敗伊拉克，那麼日本就能夠進軍世界盃，如果踢平伊拉克，而另外一場比賽韓國隊獲勝，兩隊可能就要比較得失球差，日本一開賽就由三浦知良進球取得領先，下半場被追平後，日本傳奇前鋒中山雅史攻進第二球，原本眼看勝利即將到手，比賽到了最後關頭，伊拉克取得一次角球機會，在右路的短傳配合製造出傳中球後，由替補上場的賈法・奧姆蘭（Jaffar Omran）頭球破門追平比分，此時傳來韓國以三比零擊敗朝鮮的消息，日本慘遭淘汰，他們離世界盃的距離，僅有三十秒。

不停交棒的日本足球

一九九七年日本捲土重來，再度挑戰世界盃，亞洲十強小組他們依舊被韓國擋下，只能參加附加賽，但是這次他們成功的擊敗伊朗，終於成功創造歷史，首度踢進世界盃，三浦知良、中山雅史、北澤豪所代表的三浦世代，成功交接給小他們將近十歲，以中田英壽、川口能活為代表的中田世代，一九九八年法國世界盃，日本的初體驗以小組三連敗結束，但是隔年的世界盃青年錦標賽，日本踢進決賽，最後敗給有哈維、卡西拉斯（Casillas）在陣的西班牙，然而這支日本隊也產出了小野伸二、稻本潤一、遠藤保仁、小笠原滿男、中田浩二、高原直泰等人組成的黃金世代。

一九九七年J聯盟的入場觀眾嚴重下滑，日本立刻做出職業球團屬地化的改革，強制大型企業退出冠名，改以地名經營球隊，經過二十年的努力，至今J聯盟已經成為日本青少年最熱愛的體育賽事，日本在一九九八年世界盃之後，檢討足球技術獨尊巴西的弊病，開啟了大量旅歐模式，尤其是黃金世代的選手，幾乎都在歐洲的一級賽事出賽，二〇〇二年日韓世界盃，日本獲得世界盃史上首勝，同時也成功以小組第一踢進十六強淘汰賽。

從一九九八年世界盃開始，日本就再也沒缺席過世界盃，而且不斷有出色的新人領軍，日韓世界盃之後又冒出中村俊輔、本田圭佑、香川真司等人，幾乎都是旅歐大將，Ｊ聯盟也再度轉型，除了持續增加入場觀眾人數，也把自己定位成旅歐的搖籃，大量鼓勵Ｊ聯盟選手出走歐洲，如果境遇不佳或是即將退休，再回到Ｊ聯盟的模式，成功讓日本在二十年的時間內，就迅速從亞洲二流球隊，變成毫無爭議的王者，在比賽場上或許會跟其他球隊互有勝負，但若以人才庫的養成、職業聯盟體系的建立、參加國際賽事的穩健度，日本都可以說是亞洲第一。

重返杜哈

日本的球風一開始以巴西為目標，因此在球員的培養上，非常重視腳下技術，但是日本球員早期有身體對抗能力不佳的毛病，這不僅僅是天生體型上的劣勢，還有日本人的天性不喜歡與人有過度的身體接觸有關，在大量球員有了旅歐經驗之後，這種現象已經逐步改善，反倒是現在有人認為日本球員少了中田世代或小野世代在球場上的創造力與靈氣，而且在個人成就上落後於韓國，日本的成績看起來很穩定，然而說穿了就是沒有辦法給球迷帶來太多的期待。

前往卡達之路一開始看起來不太順遂，亞洲區十二強賽一開始日本就敗給了阿曼，但是其實這並不會讓日本球迷太擔心，畢竟整體實力日本遠遠超越其他國家，比賽經過五輪之後日本也後來居上，積分慢慢超越其他國家，最後與沙烏地阿拉伯提前攜手進入卡達世界盃的名單，讓人擔心的是這種慢熱又缺少激情的風格，在世界盃上很難有好的發揮。

日本總教練森保一，當年正是杜哈悲劇時，倒在場上痛哭失聲的日本代表隊球員之一，如今他又帶領日本隊重返現場，現在杜哈的景物，與當年已經產生不小變化，是一九九九年大規模都市計劃後，所發展出來的超級現代化都市，而日本隊，也不再是當年想要闖關世界盃的那支足壇新兵，而是有心挑戰世界強權的亞洲代表，對於森保一來說，跟杜哈的再次相會，究竟會是一掃當年留下的陰霾，還是會在心中刻下另一道傷痕呢？

1895
BELGIUM FAN CLUB

團結於紅之下——

比利時

Belgium

50° 50′ 48″ N 4° 21′ 06″ E

無政府狀態

比利時擁有一項民主政治上的世界紀錄，在二〇一〇年至二〇一一年之間，比利時曾經有長達五百四十一天沒有政府，因為比利時屬於內閣制國家，在大選之後，必須由國會過半的政黨組閣，掌握過半席次的「複數」政黨組成聯合政府，如果沒有政黨願意彼此合作，導致席次無法過半，就會產生憲政僵局，必須一直協調到有足夠的席次為止，這在別人看起來不可思議，在比利時卻是常態，二〇一九年至二〇二〇年比利時也有長達四百九十三天沒有政府的紀錄，這個平時有將近一半時間沒有政府的國家，卻可以正常運轉，實在非常獨特。

比利時一直有著南北分治的問題，北部的佛拉蒙人說荷蘭語，南部的瓦隆人說法語，還有東部的一小塊區域說德語，佛拉蒙人與瓦隆人的人口數差距不大，佛拉蒙人稍多，經濟較弱勢，瓦隆人少一點，但是經濟發展較好，於是兩者的實力幾乎相當，加上本身又是多黨政治，所以要全國性達成共識，組成一個聯合政府，可說是難上加難，不過比利時並沒有因為族群的分裂引發戰爭，同時還保持強大的經濟實力，有良好的治安與社會福利，如果說族群的分裂不必然會導致國家的衰弱，比利時就是個例子。

半個世界冠軍

皇家比利時足球協會早在一八九五年就已經成立，同時也是國際足總的創始會員之一，在還沒有世界盃的年代，比利時就曾經在一九二〇年奧運會上，以地主之姿拿下奧運金牌，不過由於當時奧運足球項目只有歐洲球隊參加，這個冠軍的份量因此遭到質疑，相比於烏拉圭自認在一九二四年及一九二八年拿下兩面奧運金牌，因此在球衣胸口繡上四顆星星，比利時卻反而被戲稱為「半個世界冠軍」，顯然不太公平，事實上，在二次大戰之前，比利時一直擁有非常好的足球實力。

在世界盃開始舉辦之後，身為國際足總創辦國的比利時，很自然的得到了參賽機會，但是從一九三〇年起連續三屆世界盃，比利時竟然沒有在世界盃上取得任何一場勝利，二次大戰後的一九五四年，比利時重回世界盃，勝場數一樣沒有開張，這也是比利時的奧運金牌含金量受到質疑的主因，那就是在世界盃舉辦之後，比利時在真正純粹屬於足球的領域中，沒有拿出像樣的成績，一直到一九七〇年墨西哥世界盃，比利時才在中美洲弱旅薩爾瓦多手中拿到歷史第一勝。

金童年代

一九八二年比利時重新回到世界盃，在小組賽爆出了一個小冷門，擠下了阿根廷與匈牙利，以排名第一晉級到第二輪，在第二輪碰上蘇聯與波蘭，苦吞二連敗出局，這也是比利時在世界盃史上的最好成績，不過這只是一個好的開始，因為就在比賽的同時，一名剛滿十六歲的少年準備開始他的職業生涯，隨後開創了比利時足球全新的局面。

西福（Enzo Scifo）一出道就被稱為「比利時金童」，他的技術可以說是非常全面，能夠自己帶球突破，也能夠在中場協調進攻的節奏，具有一流的大局觀與戰術頭腦，他也被認為是比利時史上最出色的足球員，做為一個標準的十號球員，他經常被拿來跟當時的法國天王普拉提尼相比，一九八六年世界盃他帶著比利時踢出驚人的成績，在淘汰賽先後擊敗了蘇聯與西班牙，四強時敗給了有馬拉度納在陣的阿根廷，季軍戰西福與普拉提尼正面交鋒，直到延長賽比利時才敗下陣來。

西福分別在一九八六年、一九九〇年、一九九四年、一九九八年，總共帶領比利時參加了四屆世界盃，能有這樣的成績當然不是他一個人的功勞，但是西福在跨越四個時期的國家隊中，發揮了他的影響力，率領像德莫爾（Stéphane Demol）、塞勒蒙斯（Jan Ceulemans）、威爾莫斯（Marc Wilmots）、德沃夫（Michel de Wolf）這些出色的球員，凝聚出一股強大戰力，更是一項難得的成就，因為比利時足球難以興盛的原因之一，就是來自國內的族群意識，凝聚球隊比盤球技巧更為重要，而西福的天才與威望，成功的做到這一點。

後西福時代的重整

威爾莫斯帶領西福退役後的比利時征戰世界盃，並且成功的進入十六強淘汰賽，但這也是這個世代最後的餘威，比利時需要累積新的力量再度爆發，二〇〇六年及二〇一四年，比利時兩度未能進入世界盃，不過這段時間並非毫無作為，比利時真正的黃金世代，此時才算是真正展開，在西福年代，比利時曾經因為身著紅色球衣，而且有著驚人戰績，被喻為是「歐洲的紅魔鬼」，而這個魔鬼，開始增加了新的顏色。

新的比利時迎接的是一個多元移民的世界，許多移民第二代開始在足球上展露天份，小魔獸盧卡庫（Romelu Lukaku）與中後衛孔帕尼（Vincent Kompany）的父母來自剛果、中場的防守核心維特索（Axel Witsel）的父母來自馬提尼克島（Martinique）、悍將費萊尼（Marouane Fellaini）的父母來自摩洛哥、邊路好手歐里吉（Divock Origi）的父親來自肯亞、進攻中場登比利（Mousa Dembélé）的雙親來自馬利，整支球隊的組成，雖然有一半以上的比利時球員有不同的血統，但是幾乎都是在比利時出生長大的世代，原本的南北分裂局勢跟這樣複雜的組成相比，似乎已經小巫見大巫了。

錯失奪冠最佳機會

二〇一八年世界盃可以說是比利時足球史上的最高峰，不僅僅是因為拿到歷史上最佳的季軍名次，二〇一四年新世代的比利時踢進世界盃八強，許多人都認為這只是比利時奪下世界盃冠軍的前哨戰，因為當時包括盤球天王阿扎爾（Eden Michael

Hazard）、傳球大師德布勞內（Kevin De Bruyne），都還非常年輕，四年之後才會是他們的黃金年齡。

比利時在俄羅斯的表現，符合人們的預期，小組賽三戰全勝，淘汰賽險勝日本之後，在八強把具有冠軍實力的巴西淘汰出局，四強碰上法國隊，兩隊都是賽前評估奪冠機會最高的球隊，可以說是一場冠軍前哨戰，最後以一分之差不敵最後的冠軍法國，季軍戰與小組賽曾經取勝過的英格蘭再次交手，最後拿回了季軍，在許多人眼裡世界盃季軍已經是極高的榮耀，但是在這批球員的生涯最巔峰時刻，沒能一舉站上頂點，這個結果不得不說有點令人惋惜。

團結是唯一的目標

目前比利時的陣容上有一定的缺陷，進攻火力依然恐怖，但幾個位置上的實力不夠平均，特別是幾名重要的後衛核心球員陸續退役之後，後防線已經不如以往穩固，或許只能倚靠守門員庫爾圖瓦（Thibaut Courtois）的撲救功力來彌補，即便在歐洲區資格賽輕鬆取得出線權，但是要再衝擊一次冠軍寶座，會面臨很大的困難。

過去比利時經常被國內的政治分裂局勢所困擾，來自佛拉蒙區與瓦隆區的球員，彼此互相敵視無法配合，導致球隊空有個人表現，缺乏通盤合作，在眾多新移民加入的情況下，這種情況可能更加嚴重，比利時不乏個人技術出色的天才球星，但是如果真的想成為霸主，整體的戰力才是關鍵，如果整支球隊能夠打破隔閡，團結在紅色魔鬼這面旗幟之下，世界冠軍或許並不是夢。

極光之地——加拿大

Canada

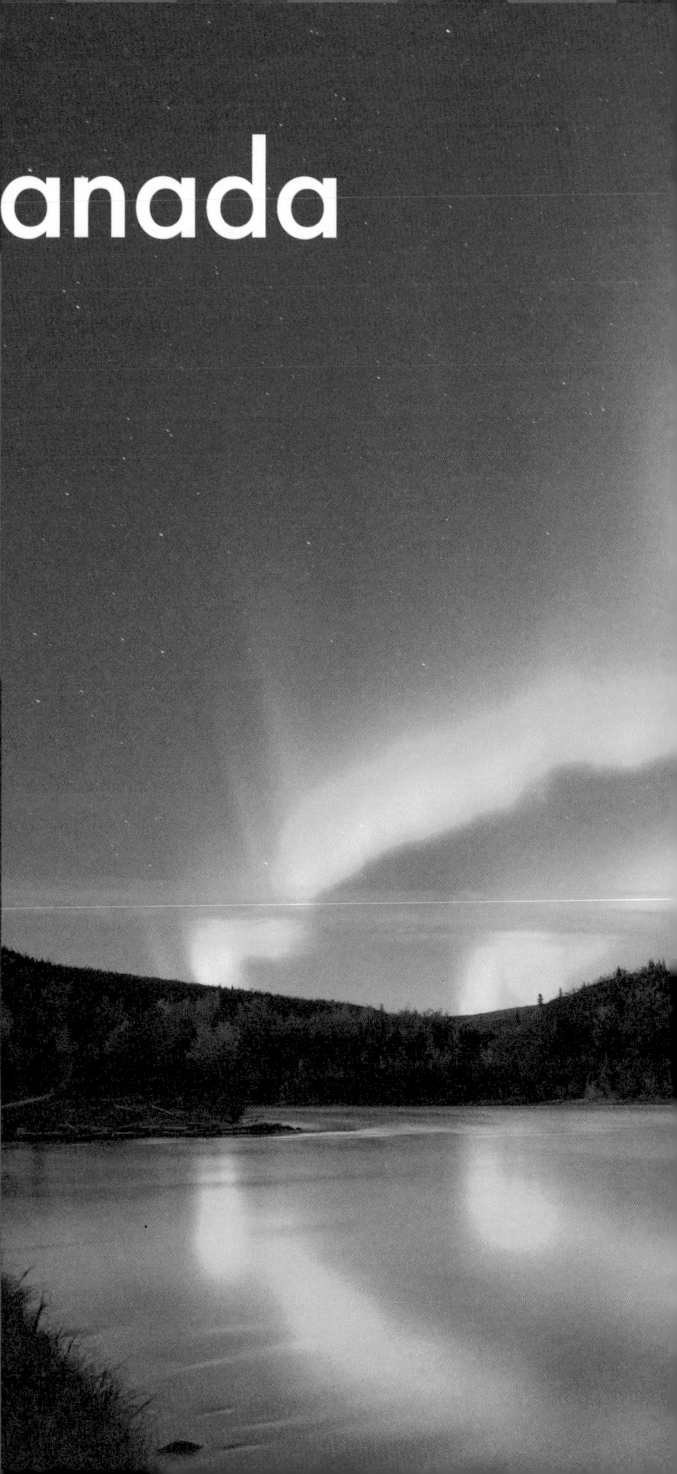

在海與海之間

加拿大的國徽上，有這麼一句話：「在海與海之間」（拉丁文為 A mari usque ad mare），這是在加拿大建設太平洋鐵路，將太平洋與大西洋串聯起來時，被蘇格蘭牧師葛蘭特（George Monro Grant）建議引用為加拿大國家格言，這句話截取自聖經詩篇：「他將擁有從海到海之間，從河川到地表盡頭的統治權」（Et dominabitur a mari usque ad mare, et aflumine usque ad terminos terrae），正好反映著加拿大這片土地，在兩個大洋之間，同時也在地球的盡頭之處。

加拿大幅員遼闊，是世界上海岸線最長的國家，同時有著人類最北的居住地，大部分土地是廣大的森林或是貧瘠的冰原，人口只集中在少數的港口或是大河沿岸，但這並不妨礙加拿大成為世界上最先進的現代化國家，加拿大名義上仍然奉英國女王為領袖，是一個君主立憲國家，事實上加拿大有著獨立的政治體制，同時在社會、經濟、文化等方面有非常高度的發展，是全球開發度最高，也是最富有的國家之一。

足球的荒漠

做為前英屬殖民地，加拿大是少數足球運動不那麼盛行的國家之一，加拿大許多運動項目跟鄰國美國緊密連動，例如棒球、籃球、冰上曲棍球都在加拿大非常興盛，加拿大參與美國職業聯盟運作的球隊，也有非常強大的戰力，甚至其他各項冬、夏季奧運項目，加拿大都有很強的競爭力，只是足球在加拿大似乎總是不受歡迎，國家隊實力跟過去的戰績，不但跟前宗主國英國相去甚遠，連跟美國相比，都顯得落後許多。

加拿大足球運動難以推廣，跟極端的氣候有一定的關係，由於天氣寒冷，草地球場興建及維持不易，冬季氣溫低且時間長，戶外的足球運動不易舉行，但這只是一部分的原因，因為有些北歐國家也面臨一樣的問題，足球卻很盛行，主要原因還要加上過去世界盃中北美及加勒比海區，只有兩個參加世界盃的名額，墨西哥與美國的霸權不易撼動，如果一項運動在國際大賽上有出色的成績，自然會掀起一股風潮，但是加拿大前進世界盃的機會不多，也就難以引起話題。

第一次世界盃亮相

一九八六年墨西哥世界盃，由於墨西哥是地主國不需要參加資格賽，將由一九八五年中北美洲及加勒比海足球錦標賽冠軍取得參賽資格，賽前大熱門美國隊在小組意外敗給哥斯大黎加，在少了兩大強敵的情況下，其他實力接近的參賽國誰能勝出，就充滿了變數，而加拿大的機會就真的這樣子降臨了，最後的三強小組循環賽，加拿大以兩勝兩和的成績，拿下了史上第一座冠軍，同時也贏得加拿大足協自一九一二年成立以來，首度參加世界盃的機會。

意外取得門票，既是幸運，也可能是不幸，來到世界盃所面對的比賽對手，跟平常在區域的對手等級完全不同，與加拿大同組的有法國天王普拉提尼在陣的法國隊、當年還是足球強權的匈牙利、板凳雄厚實力堅強的蘇聯，加拿大的首次世界盃之旅，就像誤入叢林的小白兔，沒能攻進任何一球，三場比賽全部落敗，參賽的二十四支球隊中排名最後，而在此之後的三十六年，加拿大再沒有在世界盃的戰場亮相過。

擲銅板的勝利

一九八六年踢進世界盃對於加拿大的足球發展來說，是個良好的契機，他們也順勢在該年創辦了加拿大史上第一個職業足球聯賽，原本希望藉著在世界盃出場的機會，帶動加拿大人觀賞足球的風氣，但是很不幸的，這個聯盟僅僅維持了六年就宣布解散，除了經營團隊缺乏經驗與能力外，與美國職業運動體系的連動也有很大的關係，許多加拿大的球員選擇到美國的大學或半職業聯盟效力，畢竟那裡有更完善的體系與待遇，一九九三年美國職業足球聯盟成立，更加速磁吸效應，加拿大就很難再興起職業足球的計劃。

二〇〇〇年時奇蹟再度出現，原本因為實力太弱，必須要從附加賽踢起的加拿大，在小組賽與韓國、哥斯大黎加三隊積分相同，與韓國得失球差也相同，最後按照規則必須以擲銅板的方式決定晉級淘汰的隊伍，加拿大得到幸運之神的眷顧，贏得了一次關鍵的「銅板勝利」，沒想到這個勝利讓加拿大接下來真的有如神助，接連擊敗墨西哥、千里達及托巴哥、哥倫比亞，一路拿下美洲金盃冠軍，這也是加拿大史上第二座獎盃。

在沙漠中灌溉而成的綠洲

這座充滿意外的獎盃也讓加拿大開始進行足球復興運動，他們認為足球在加拿大並非毫無發展希望，從二〇〇五年開始執行全面的青少年足球訓練計劃，並且積極尋找各地方適合的人才，特別是各族裔移民社群中的選手，同時開始建設大量的訓練基地，二〇〇七年加拿大有三支球隊加入了美國的職業聯盟，二〇一五年開始籌組自己的職業聯賽，二〇一七年開始運作，目前僅有八支球隊，但未來計劃擴充為十隊，加拿大並不期盼一步登天，這個聯盟暫時的定位還是培養國內的年輕球員，有好的選手還是會加入美國職業足球聯盟，或是到歐洲尋求機會，等到國內的優秀選手人數足夠之後，才來談職業聯賽的國際競爭力。

大約經過十年的時間，加拿大的計劃就收到了成果，目前加拿大的國腳陣容之中，最知名的戴維斯（Alphonso Davies）就是迦納裔的球員，速度與力量兼具的前鋒拉林（Cyle Larin）是牙買加裔，中場悍將哈金森（Atiba Hutchinson）父母來自千里達及托巴哥，其他還有更多具有葡萄牙、愛爾蘭、英格蘭、奈及利亞血統的選手，這些好手可不是憑空出現，雖然他們的原生家庭對於足球的熱愛是一個重要因素，但更重要的是他們多半都是在加拿大新建立的訓練系統中磨練出來，再加上後來到美國或是歐洲的球隊效力，最後才形成現在強大的戰力。

極光般的美麗

二〇二六年的世界盃將由加拿大、美國、墨西哥共同主辦，跟其他兩國相比，加拿大以往的實力自然會受到質疑，從南非世界盃開始，包括俄羅斯、卡達，都陸續被冠上「史上最弱地主國」的名號，而加拿大選擇用成績證明自己，二〇二二年世界盃中北美洲及加勒比海資格賽，加拿大以第一名之姿，力壓墨西哥與美國，拿到前進卡達的門票，這樣的結果讓那些準備看笑話的人出糗，加拿大要成為下一屆的世界盃主辦國，絕對夠資格，不至於讓地主球迷丟臉。

有人說極光是一生必定要欣賞一次的美景，位處北極圈的加拿大，就是欣賞極光的好地方，極光的出現有時要靠點運氣，無法任由你掌握，極光能維持多久，也不是你能控制，但是只要你有足夠的耐心守候，就必然有出現的一天，三十六年的等待或許漫長，在這海與海之間的極北之地，真正的世界盡頭，還有一群人能踢著足球，追逐著參加世界盃的夢想，這就是最美麗的極地之光了，這道衝向卡達的光芒，對於加拿大的足球支持者來說，只要仰望著天空，好好的享受這一刻就夠了。

卡薩布蘭卡——

摩洛哥

Morocco

白色房屋

摩洛哥這個名字，遠沒有他的首都名號響亮，被票選為史上一百零一部最偉大電影的「北非諜影」，背景就設在這個北非的夢幻之城「卡薩布蘭卡」（Casa Blanca），其實電影原文片名也直接使用了Casa Blanca，西班牙語的意思為「白色的屋子」，因為這一帶的居民所建造的房子，都是使用白色的泥灰，從遠處望去，整個山坡上是一片白色，當初葡萄牙人航海來到此處時，便將它命名為「白屋」。

非洲與歐洲距離有多近？大約只有二十公里，天氣好的時候，站在摩洛哥的海岸，就可以眺望伊比利半島，直布羅陀與休達，一北一南控制著地中海的出口，不論在軍事上或是貿易上，都是極重要的據點，迦太基與羅馬人都曾經在這裡建立殖民地，阿拉伯人佔領北非之後，以此為跳板入侵歐洲，後來也成為土耳其跟其他列強的爭奪目標。雖然陸續失去一些港口與城市，領土大幅縮水，但是摩洛哥到一次大戰前夕，都一直保持著獨立狀態，反而因為固守較為狹小的領土，在商業及教育上的發展可以比較集中，因此摩洛哥長期在經濟與文化上都有著非常傑出的表現，人民生活富裕，也有著現代化的建設。

非洲最早的足球國度

摩洛哥除了地理位置得天獨厚，在歷史演進上也受到上天的眷顧，非洲國家在二十世紀中葉陸續脫離宗主國獨立，不是與宗主國之間爆發獨立戰爭，就是獨立後為了奪取政權出現血腥的內戰，一九五六年摩洛哥與法國達成協議後獨立，雖然免不了在領土上與鄰國有過小規模的軍事衝突，但整體而言，過程算是穩定平和，保持了在政治及經濟上的穩定，至今摩洛哥依舊是阿拉伯世界最發達的地區之一，這也為獨立初期，摩洛哥的足球發展帶來一定的利基。

一九六〇年摩洛哥正式加入國際足總，立刻就參加了一九六二年世界盃資格賽，並且一鳴驚人，首度參賽就取得了非洲區代表權，可惜在跨洲附加賽上輸給了西班牙，一九六六年世界盃資格賽，非洲國家抗議國際足總未能增加非洲區名額，而是必須與亞洲區爭奪一個附加名額，因此十六個國家集體退賽，讓摩洛哥又錯失了一次參加世界盃的機會，一九七〇年國際足總總算答應非洲國家的要求，讓非洲擁有一席獨立的世界盃資格，摩洛哥這次終於把握住機會，成為了史上第一個透過贏得資格賽參加世界盃的非洲國家，雖然在歷史上，埃及曾經參加過一九三四年的義大利世界盃，但當時埃及是以受邀的身份參加。

夢幻教頭法利亞

第一次的世界盃挑戰讓摩洛哥遭遇到挫折，小組賽的前兩場比賽分別敗給西德與秘魯，最後僅僅與保加利亞踢平取得了一分，這一分也是非洲國家在世界盃上的第一分，雖然成果不算理想，卻是邁出重大的里程碑。可惜的是，這並沒有給摩洛哥足球帶來飛躍性的成長，在接下來的三屆世界盃資格賽，摩洛哥一次次倒在了非洲區，彷彿之前的成功都只是一場夢境。

一九八三年摩洛哥請來了巴西籍的教練法利亞（José Faria），他在短短兩年內就改變了摩洛哥的實力，他在巴西時就以培養青年球員聞名，在執教摩洛哥的過程中，發掘出波德巴拉（Aziz Bouderbala）、提莫米（Mohamed Timoumi）等球員，組成一支全新的隊伍，並且加強球隊的防守，這支鋼鐵雄師在一九八六年世界盃資格賽可說是無往不利，八場比賽只被攻進一球，順利取得前往墨西哥的世界盃參賽權。

摩洛哥在一九八六年墨西哥世界盃的小組賽，與英格蘭、波蘭、葡萄牙分配在同一組，一開始沒有人對他們抱持太大的希望，沒想到比賽結果跌破所有人的眼鏡，摩洛哥持續發揮他們堅韌無比的後防線，三場比賽只丟一球，最後以小組賽排名第一的身份晉級十六強，他們也再度創下紀錄，成為第一支從小組賽晉級淘汰賽的非洲隊伍，十六強摩洛哥面對強大的西德，一直堅持到第八十七分鐘，才由西德傳奇巨星馬泰斯（Matthäus）突破僵局，結束他們的這次的奇幻旅程。

法利亞對摩洛哥足球的貢獻是難以想像的，甚至對整個非洲足壇而言，他所創下的成績，都有無比重要的意義，他自己也深深的愛上這個與他原本生活天差地遠的穆斯林國家，他皈依伊斯蘭教，並取了穆斯林的聖名Mehdi，當二〇一三年他去世的時候，摩洛哥王室宣布為他舉辦三天的國喪禮儀，他所居住的街頭也因為哀悼的人數太多，被迫必須封閉整條街道，他的餘生都在摩洛哥渡過，而摩洛哥人永遠也不會忘記他在摩洛哥為他們所帶來的榮耀與成就。

黃金時期的興起與沒落

一九八六年世界盃結束之後，摩洛哥並沒有踢進一九九〇年世界盃，但是他們所建立起來的基礎，已經讓他們擠身非洲一級強隊，這時許多摩洛哥球員開始效力於歐洲的頂級聯賽，中場大將奈貝特（Noureddine Naybet），進軍法國、葡萄牙、西班牙，職業生涯末期還效力於英超豪門熱刺隊，他與哈季（Mustapha Hadji）、巴希爾（Salaheddine Bassir），在西班牙拉科魯尼也一起渡過美好的時光，一九九四年及一九九八年摩洛哥都成功進入世界盃，可以說是最美好的黃金時期。

二〇〇二年世界盃資格賽，摩洛哥在最終小組賽與塞內加爾積分相同，最後因為淨勝球差落後，把世界盃門票拱手讓給塞內加爾，後來塞內加爾在世界盃演出八強驚奇，反觀摩洛哥卻像洩了氣的皮球，在遭到淘汰後從此一蹶不振，許多比賽的運氣也開始不站在他們這邊，雖然摩洛哥一直有不錯的球員出現，可是一直到二〇一八年，這段長達二十年的時間，摩洛哥再也沒有出現在世界盃的舞台上。

新教頭與新世代

二〇一八年摩洛哥又重回世界盃，但是這次的表現令人大失所望，能夠前進莫斯科，跟這個世代年輕旅歐球員的大爆發有關，過去非洲球員前往歐洲淘金並加入歐洲國家是常態，但是現在很多非洲球員在歐洲訓練成長，最後回來效力自己母國的情況更常出現，摩洛哥當時擁有齊耶赫（Hakim Ziyech）、哈奇米（Achraf Hakimi）、貝納西亞（Medhi Benatia）這些充滿天份的球星，但是在小組賽不但排名殿底，成績甚至還不如同組的亞洲球隊伊朗，這也讓摩洛哥意識到這樣的表現並不及格，需要有更大的改變。

讓球員盡情展現才華的法國籍教練雷納爾（Herve Renard），是將摩洛哥再度帶回世界盃的功臣，但是摩洛哥需要更強悍、更有經驗的教練，他們找來了曾經帶領象牙海岸、阿爾及利亞、日本等三個國家踢進世界盃的哈利霍季奇（Vahid Halilhodžić），為了重整球隊，他不惜棄用許多已經成名的大牌球星，雖然過程飽受爭議，但終究還是拿到了世界盃的資格。

摩洛哥的足球運動有起有落，同時也吸納了來自不同國家的養份，就跟卡薩布蘭卡這個像是戴著面紗的白色都市一樣，兼具古老文化與華麗建築，同時擁有阿拉伯風情與西方文明，背對著撒哈拉沙漠，面對著大西洋，包融著一切的無邊美景。

卡薩布蘭卡——

后翼棄兵——

克羅埃西亞

Croatia

45° 49′ N 15° 59′ E

一眼難忘的格子軍

克羅埃西亞的球衣，或許是全世界辨識度最高的球衣，鮮明的紅白相間方塊，遠處一望即可分辨，而且讓人印象深刻，這使得他們被人們稱為「格子軍團」，這個花紋來自克羅埃西亞的國徽，在克羅埃西亞文中寫成「šahovnica」，也就是棋盤之意，依照當地的傳說，在十世紀時，克羅埃西亞國王德濟斯拉夫（Držislav）在一場與威尼斯的戰鬥中被俘，當時他與威尼斯總督皮特羅二世（Pietro II Orseolo）進行了西洋棋對奕，後來他得到了釋放，為了紀念這件事情，他就決定把棋盤的紋路刻在國徽之上。

一九九一年波斯尼亞與克羅埃西亞，在同一天先後宣布獨立脫離南斯拉夫聯邦，在克羅埃西亞境內有為數眾多的塞爾維亞人反對獨立，因此也尋求脫離克羅埃西亞獨立，爆發了克羅埃西亞戰爭。一九九二波士尼亞與赫塞哥維納也宣布獨立，爆發了波士尼亞戰爭，這個戰爭是由波士尼亞與赫塞哥維納境內的波士尼亞、克羅埃西亞、塞爾維亞，三大種族間互相攻伐的戰爭，克羅埃西亞同樣捲入其中，各方的戰鬥一直到一九九五年之後才逐漸平息，這段歷史也影響到之後各國的足球發展。

足球歷史悠久

其實克羅埃西亞足協早在一九一二年就已經成立，但這塊土地的歸屬一直受到不同力量的反覆侵佔，一直到一九四一年納粹德國入侵南斯拉夫，宣布成立克羅埃西亞獨立國傀儡政府時，才得以加入國際足總，沒想到一九四五年戰爭結果，克羅埃西亞重新併入南斯拉夫王國，加上當時處於大戰期間，這段短命的足球史，就這樣消失在歷史洪流中，幾乎沒有人記得，但是克羅埃西亞很早就發展足球運動這件事，是無庸置疑的。

克羅埃西亞脫離南斯拉夫獨立後，很快的在一九九二年加入國際足總，但是在各種行政流程仍在進行，還沒有被歐足聯正式承認的期間，錯過了一九九四年世界盃的資格賽，因此克羅埃西亞正式挑戰世界盃，已經是一九九八年世界盃資格賽了，在歐洲區資格賽的分組中，剛剛取得獨立的前南斯拉夫成員，克羅埃西亞、斯洛文尼亞、波士尼亞與赫塞哥維納，竟然全部抽到了同一組，或許這也是命運一種奇特的安排，最後克羅埃西亞以小組第二的成績進入附加賽，擊敗烏克蘭取得世界盃的資格。

不鳴則已

國際足壇對於南斯拉夫可以算是相當熟悉，但雖然是從南斯拉夫分裂而來，卻沒有多少人知道克羅埃西亞實力究竟如何，在小組賽擊敗同樣是世界盃菜鳥的牙買加與日本，也許不能完全顯示實力，在十六強賽擊敗已經逐年走下坡的羅馬尼亞，還可能有運氣的成份存在，進入八強賽之後，以三比零的比分徹底擊潰德國隊，可是徹底嚇壞了所有人，當時的德國可是擁有克林斯曼（Jürgen Klinsmann）、比爾霍夫（Oliver Bierhoff）這樣的巨星，雖然克羅埃西亞陣中也有幾名前南拉斯夫國腳，不能算是無名之輩，但是首度參賽能有這樣的表現，可說是前無古人了。

四強賽碰上的是後來贏得世界盃冠軍的法國隊，克羅埃西亞在先取得領先的情況下，被法國隊傳奇中衛圖拉姆連進兩球完成大逆轉，僅僅以一球落敗，季軍戰則是擊敗荷蘭贏得第三名，成為世界盃史上最可怕的新軍，效力於皇家馬德里的前鋒蘇克（Davor

Šuker），則是以六球的進球，擠下阿根廷戰神巴提斯圖塔、義大利維耶里（Christian Vieri），成為當屆的進球王，不論是團體或是個人，克羅埃西亞都瞬間成為全球注目的焦點。

足球人材輸出國

雖然克羅埃西亞的人口只有四百多萬，但是卻有大量的足球人口，據統計，在克羅埃西亞有將近四十萬名登記的足球員，克羅埃西亞球員承繼了前南斯拉夫的球風，腳下功夫細膩，但是又有斯拉夫人體型上的優勢，在經歷了殘酷的戰爭之後，克羅埃西亞球員性格普遍刻苦耐勞，也重視場上的紀律，各種優點讓他們成為歐洲各大豪門球隊爭相引進的對象，例如效力於拜仁慕尼黑的科瓦奇（Niko Kovač）與歐里奇（Ivica Olić）、在雙米蘭都曾經效力過的西米奇（Dario Šimić）、頓涅茲克礦工隊的長青樹瑟納（Darijo Srna）等等，都稱得上是世界一流的好手。

如果說一九九八年世界盃上的蘇克等人，都是前南斯拉夫培養出來的選手，那麼從二〇一〇年之後，就完完全全是純正的「克羅埃西亞製造」了，中場的莫德里奇（Luka

Modrić）與拉基蒂奇（Ivan Rakitić）、鋒線上的超級殺手曼祖基奇（Mario Mandžukić）、邊路快馬佩里西奇（Ivan Perišić），這些球員同樣繼承了前輩優秀的DNA，但在歐洲頂級聯賽的表現更加出色，可以說，克羅埃西亞雖然建國只有短短的三十年，卻已經成為歐洲足壇的人才寶庫。

與冠軍失之交臂

二〇一八年世界盃或許是克羅埃西亞足球史上最值得驕傲，但也最值得遺憾的一刻，他們在小組賽以全勝之姿，連續擊敗了阿根廷、奈及利亞、冰島等三支不同類型、不同風格的隊伍，在十六強碰上在小組賽表現突出的瑞士，兩隊最後以PK大戰決定勝負，八強賽則是面對地主俄羅斯，同樣是憑藉著十二碼大戰淘汰對手，四強戰則是在延長賽擊退當時冠軍呼聲極高的英格蘭，最後一路闖進決賽，克羅埃西亞每一場比賽都踢滿一百二十分鐘，是史上最艱辛的晉級之路。

與法國的生死決戰，更可以說是世界盃近年來少見的冠軍決賽，兩隊拋開束縛全力進攻，你來我往總共攻進六球，貢獻了一場精彩的決鬥，是繼一九六六年英格蘭世界盃之後，進球最多的冠軍戰，雖然克羅埃西亞最後只能屈居亞軍，但是已經超越了一九九八年法國世界盃拿下季軍的成就，同時也成為史上進入決賽人口第二少的國家，僅次於烏拉圭，要知道烏拉圭上次贏得世界盃冠軍已經是一九五〇年的事情，當時的環境與競爭，跟現在無法相提並論，克羅埃西亞的成功更為難得，同時也證明了人口與足球實力之間，並沒有必然的關係。

最後的全力一搏

經過了四年之後，幾名主力球員巔峰已過，這並不足以阻礙他們前進世界盃的腳步，在二〇二二年世界盃歐洲區資格賽，克羅埃西亞發揮穩定，毫無意外的以小組第一取得前往卡達的資格，然而想要複製四年前的成功，恐怕有很大的難度，但是克羅埃西亞不得不全力一搏，畢竟年輕球員之中，還沒有出現具有接班能力的天王，克羅埃西亞依舊必須倚靠莫德里奇在中場的指揮調度，錯過了這一次，以後不知道何時才有機會挑戰王座。

后翼棄兵是一種西洋棋的開局戰術，指的是一種犧牲棋子，讓對手取子後，己方取得先手，爭取棋盤上的優勢，現代西洋棋使用這種開局手法的比率已經比減少，但這個名詞經常用來比喻利用暫時的犧牲，用以換來優勢及最後勝利的手段，許多擅於博奕的好手，都會採取這樣的策略，或許克羅埃西亞抱持著四年前的遺憾，以哀兵之姿低調出擊，也會跟他們的祖先一樣，在棋盤上下出一齣好局。

奔放的五星上將——巴西

Brazil

遲來的足球運動

一想到足球王國，你的腦海裡肯定會想起巴西這兩個字，但是在足球這條道路上，巴西並沒有我們想像的順遂，雖然早在一八七〇年代，足球就已經傳入巴西，但是並未廣泛受到歡迎，也沒有完整的規則與組織，一八九〇年被喻為巴西足球之父的蘇格蘭裔巴西人米勒（Charles Miller），在留學英國後，帶著兩顆足球與一本足球規則返回巴西，才開始有了較為正式的足球比賽，而在同一個時間，阿根廷已經開始組織南美的第一個足球聯賽，要知道一八八八年巴西才正式廢除奴隸制度，而巴西有超過五十%的人口是非洲奴隸，所以當時大部分的巴西人都在農莊裡工作，足球在巴西仍然屬於上層社會階級的運動，是貴族與商人們的休閒娛樂。

進入二十世紀之後，由於巴西急速現代化，開始了都市的興建，巴西的窮人與非洲裔的移工才開始參與足球運動，他們在街頭巷尾崎嶇的路面上踢球，他們在泥濘不堪的空地上踢球，他們在建築與建築之間狹小的畸零地上踢球，與在舒適柔軟草地上玩樂的上流社會完全不同。在人口密集又窮苦貧困的水泥叢林裡，足球成了原住民與非裔孩子們最便宜的玩具，就短期而言，這種玩票性質的街頭足球，似乎上不了大檯面，缺乏系統化的組織與訓練，但長期而言，街頭足球文化造就巴西球員有驚人的盤帶技術與奔放花俏的球風，巴西足球與世界其他地方的差異，就在於巴西足球是一種貼近所有人的足球，看巴西人踢球，你彷彿能夠感受到他們從你身旁帶球呼嘯而過，那是球場上的比分無法顯示的感受。

南美洲的老三

不論是人口或是面積，巴西都是南美第一大國，但在足球發展上，明顯落後一大步，烏拉圭拿到兩面奧運金牌與首屆世界盃冠軍時，巴西的足球才剛剛起步，阿根廷已經有了全國性聯賽的時候，巴西的足球聯賽一直停留在業餘程度，而且因為面積寬廣的領土、過大的城鄉差距、地域政治上的不和與抗爭等問題，各種賽事一直陷於不停的中斷、又重新舉辦的循環中，一直到一九七〇年才出現真正系統性的全國足球賽事，雖然巴西在後來成為了世人公認的足球王國，但在阿根廷人與烏拉圭人眼裡，巴西在南美只能算是老三。

巴西在足球發展的道路上急起直追，經過三十年的努力，培養出許多優秀的球員，街頭足球文化讓巴西球員的腳法細膩，更善於利用短傳推進，成為節奏快、觀賞性高的現代足球先驅者，一九四九年巴西以七場比賽攻進三十九球的恐怖效率橫掃南美各國，拿下美洲國家盃冠軍，這也讓爭取到一九五〇年世界盃主辦權的巴西更加充滿自信，在世界盃最後四強循環賽中，分別以七比一及六比一，摧枯拉朽般的痛宰瑞典與西班牙，最後一場比賽只要踢平烏拉圭，就準備舉國慶祝登上世界王座，決賽中巴西也先取得領先，沒想到最後關頭被烏拉圭連進兩球逆轉，在自家門口將冠軍送了出去，成了巴西人永遠的痛。

球王誕生

在最後一刻丟掉冠軍的巴西並沒有就此一蹶不振，反倒是這次的冠軍竟成為烏拉圭在世界盃的最後輝煌，巴西開始進行足球戰術的大改革，其中最重要的就是採取更加重視進攻的四二四戰術，誕生了史上最強邊翼加林查（Garrincha），他的過人技術幾乎改變了足球的生態，中場的迪迪（Didi）傳球視野遼闊，同時攻守兼備，成為中場的核心，他還是一名自由球專家，無所不能的中場加上過人如麻的邊鋒，是四二四陣型得以誕生的主因，如果再有一名在中路能夠組織進攻，又兼具強大破門能力的前鋒，就可以說是完美的陣容。

而上天也真的賜給他們一個十七歲的少年，史上最偉大的十號，這個小名叫比利（Pelé）的球員，至今仍然是世界盃史上最年輕在決賽出賽的球員，當然，在決賽中攻進兩球的比利，也是世界盃史上最年輕的進球者，在接下來的十年裡，以比利為首的巴西隊，統治了這個星球上的足球，一九五八年巴西以無人可擋的姿態贏得冠軍，到了一九六二年，各隊不得不對比利做出故意犯規來阻止巴西的進攻，僅僅踢完一場比賽，比利就因受傷而退出比賽，幸好巴西仍然一路強勢拿下二連霸，一九六六年在英格蘭，各隊依舊用殺傷大法來迎戰巴西，第三戰被葡萄牙後衛鏟傷後，比利只能被擔架抬出場外，看著自己的球隊遭到淘汰。

在此之後，比利曾經揚言不再參加世界盃，但最後還是回到巴西國家隊陣中，一九七〇年世界盃，比利率領號稱巴西足球史上最穩定最完美的陣容，來到墨西哥，他在決賽中率先頭球破門，這也是巴西在世界盃史上的第一百顆進球，完美的開局，完美的數字，最終巴西一路領先至哨音結束，以四比一擊敗義大利，拿下史上第三座世界盃冠軍，同時也得到永久保留雷米金盃的權利，巴西足球一次又一次，達成別人無法超越的成就。

跳舞吧！森巴！

之後的每屆世界盃，巴西都是呼聲最高的球隊之一，但是在比利退役後，一直沒能達到世人的預期，巴西是足球史上唯一一支每屆世界盃都能參賽的隊伍，對他們而言，唯一的標準就是奪冠，其中三度踢進四強甚至奪得冠軍，都無法滿足巴西球迷的胃口，一九九四年世界盃，在黑白雙煞羅馬里奧（Romário）與貝貝托（Bebeto）的配合下，巴西贏得了他們史上的第四座獎盃，結果反而招來大肆批評，認為巴西過於注重防守，進攻依靠反擊，場面不夠華麗，贏得不夠巴西，也沒有讓十七歲的外星人羅納度（Ronaldo）有更多上場的機會。

一九九八年巴西尋求衛冕，結果決賽時羅納度表現荒腔走板，以零比三慘敗給法國，只能屈居亞軍，直到二〇〇二年日韓世界盃，巴西組成了3R連線（Ronaldo、

Rivaldo、Ronaldinho），才再度用華麗的進攻與美妙的配合，洗刷恥辱，拿到史上的第五座冠軍，也重新滿足了挑剔的巴西人，對於這個以嘉年華會聞名的國度而言，既要贏得冠軍，也要贏得漂亮。巴西從來沒有缺少過巨星，然而距離上一次奪冠，已經經過二十年了，每次都陣容整齊，卻時運不濟，彷彿又回到一九八〇年代的迷宮裡，也許亞洲會是巴西的福地。

森巴舞是巴西重要的文化象徵，這種源自西非洲民俗傳統，再與拉丁等舞步結合的舞蹈，重視身體的擺動節奏，需要用到核心肌群及平衡能力，更重要的是拋開束縛的靈魂，而這個巴西的國族文化，也早就融合在巴西的足球之中，每一次過人、每一次射門、每一次傳球，都是一次瘋狂的熱舞，巴西人被認為信仰三種宗教：「天主教、森巴舞、足球」，這種奔放的血液造就了我們熟知的巴西，巴西人用水銀瀉地的攻勢展現自己，而全世界也用如夢似幻的足球來認識巴西，他們正在等待用另一個冠軍，用來點綴原本已經攀上巔峰的那五顆星。

崩解的王朝——塞爾維亞

Serbia

44° 49′ 04″ N 20° 27′ 25″ E

複雜的歷史

談起塞爾維亞的足球，就不得不談到南斯拉夫，塞爾維亞的足球史，隨著南斯拉夫的歷史變化，是一個逐漸土崩瓦解，但是又重新屹立的故事。巴爾幹半島一直都有著複雜的宗教與民族問題，我們熟知的南斯拉夫，是在二次大戰後建立的南斯拉夫聯邦，由塞爾維亞、克羅埃西亞、斯洛維尼亞、波士尼亞與赫塞哥維納、馬其頓、蒙特內哥羅六個共和國組成，而塞爾維亞的足球史，同時就是這六個共和國加上科索沃的分裂史。

一九九一年南斯拉夫解體，首先是斯洛維尼亞與克羅埃西亞同一天先後宣布獨立，塞爾維亞先是與斯洛維尼亞爆發了十日戰爭，接著又跟克羅埃西亞爆發了克羅埃西亞戰爭，馬其頓隨後跟進宣布獨立，一九九二年波士尼亞與赫塞哥維納也宣布獨立，又引發了克羅埃西亞人、波士尼亞人、塞爾維亞人三個種族之間的混戰，一九九五年科索沃尋求獨立，又爆發了科索沃戰爭，經過了一連串的獨立戰爭，原本的南斯拉夫聯邦名存實亡，僅剩下塞爾維亞與蒙特內哥羅兩個共和國，因此在二〇〇三年將國名改為「塞爾維亞與蒙特內哥羅」，但在二〇〇六年兩國再度解體，蒙特內哥羅宣布獨立，塞爾維亞終於只留下了自己原來的名字，並且失去所有海岸線，變成一個內陸國家。

回到古老的年代

其實前面的敘述稍有語病，早在南斯拉夫這個名字出現之前，南斯拉夫人就已經用「塞爾維亞人、克羅埃西亞人和斯洛維尼亞人王國」的名字，在一九二〇年加入了國際足總，並且在改名為「南斯拉夫王國」後，參加了一九三〇年在烏拉圭舉行的第一屆世界盃，當時還創下了平均年齡只有二十二歲，成為世界盃最年輕參賽隊伍的紀錄，他們在烏拉圭當地大受歡迎，因為他們在小組賽意外的擊敗巴西隊，將烏拉圭人最討厭的對手淘汰出局，四強賽烏拉圭以六比一大勝南斯拉夫，並得到該屆的冠軍，更讓烏拉圭對南斯拉夫人有莫名的好感，而這次的精彩演出，也讓足球世界無法忽視南斯拉夫的存在。

當二次大戰結束，他們又以新的名字「南斯拉夫聯邦人民共和國」參賽，從一九五〇年開始，連續四屆踢進世界盃，一九五四年進入八強被西德淘汰，一九五八年又是在八強遭遇西德鎩羽而歸，一九六二年連續第三次在八強碰上西德，這次終於是以一比零戰勝西德，最後在四強戰敗給捷克。南斯拉夫的球員腳法細膩，而且球風多變，在不同位置上總是有天才型的球員出現，因而被稱為「歐洲的巴西」，雖然兩者實際上的風格並不完全相同，南斯拉夫球員的體型普遍更為高大，跟巴西相比還是更喜歡身體的對抗，但有一點是極為相似的，那就是南斯拉夫是個多元種族國家，在宗教上也分別有伊斯蘭教、羅馬天主教、東正教三股勢力相互抗衡，這兩個國家都在文化的融合與衝突之中，吸收不同族群的特點，孕育出屬於自己特殊的足球風貌。

聯邦時代最後的輝煌

一九九〇年南斯拉夫在世界盃的小組賽成功晉級，在十六強時淘汰掉西班牙，八強時遇上有馬拉度納在陣的阿根廷，雙方進入延長賽依舊維持零比零的僵局，最後在PK大戰中，兩隊的超級巨星斯托伊科維奇（Dragan Stojković）跟馬拉度納，竟然都踢飛了十二碼，但最終結果是南斯拉夫不幸以二比三落敗。隔年因為爆發內戰，南斯拉夫成為繼納粹德國之後，第二個被國際運動組織抵制的歐洲國家，南斯拉夫無法繼續參與國際足球賽事，同時也在戰火下整個國家分裂，南斯拉夫不復存在，雖然在官方的認定上，塞爾維亞承接南斯拉夫過去的各種比賽紀錄，但就實際而言，美國世界盃成為了南斯拉夫最後的榮光。

這支被認為是南斯拉夫史上最強隊伍的陣容中，隊長兼頭號巨星斯托伊科維奇被認為是塞爾維亞史上最偉大球星；為貝爾格勒紅星隊在歐冠決賽攻下致勝球，曾經效力義甲國際米蘭的前鋒潘采夫（Darko Pančev），是馬其頓足協票選的史上最佳球員；全能中場蘇西奇（Safet Sušić）曾經幫助巴黎聖日耳曼贏得隊史首座聯賽冠軍，被評選為波士尼亞與赫塞哥維納歷史最佳球員；幫助義大利ＡＣ米蘭拿下歐冠冠軍的天才中場薩維切維奇（Dejan Savićević），被認為是有史以來最偉大的蒙特內哥羅球星；而在一九九八年帶領克羅埃西亞拿下世界盃季軍的偉大傳奇前鋒蘇克（Davor Šuker），同樣也在這份名單中。

許多足球迷不禁想像，如果當初南斯拉夫沒有解體，這些球員繼續在一起踢球，將會達到什麼樣的高度，甚至可能有奪下世界盃冠軍的實力，有人打趣的說，如果把前南斯拉夫共和國成員參加世界盃的次數加總起來，剛好跟巴西一樣都是二十二次，將會是世界上參加世界盃次數最多的國家，這種計算當然不合邏輯，但是也說明了前南斯拉夫的足球實力確實非常驚人，即便已經分崩離析，巴爾幹半島依舊是足球人才輩出的區域。

推倒重建的新未來

南斯拉夫解體對於塞爾維亞來說，影響是全面性的，首先是頻繁的戰亂讓國家動蕩不安，有很長一段時間國內聯賽無法穩定的舉行，陸續獨立的共和國也讓聯賽體系無法維持，遭到國際禁賽則是影響球隊的訓練及比賽狀態，受到聯合國的經濟制裁，高度的通膨使得民生物價飛漲，職業球員的收入也不如以往，為了求生存，優秀的足球選手不是遠走他鄉，就是放棄足球另找工作，嚴格來說，雖然塞爾維亞在國際禁賽令解除之後，也曾經三次踢進世界盃，可惜整體表現明顯力不從心，每次都在小組賽草草出局，同時因為出於政治上的因素，塞爾維亞球員也不像以前那樣受到西方國家的歡迎，這三十年來，足球的整體發展可以說是一路跌跌撞撞。

然而在非常的破壞之後，也是建設的希望所在，近年來塞爾維亞的表現有漸入佳境的趨勢，前南斯拉夫在世界盃最後的神奇隊長斯托伊科維奇，在二〇二一年三月三日生日當天，回到家鄉接下了塞爾維亞總教練的位置，開始了一連串驚奇的旅程，在世界盃資格賽的分組中，他們與強敵葡萄牙一路纏鬥，到了最後一輪賽事，雙方積分依舊相同，而葡萄牙有淨勝球的優勢，非勝不可的塞爾維亞神奇的在客場反敗為勝，將葡萄牙擠到附加賽，成功踢進卡達世界盃。

現在這支塞爾維亞，有老將塔迪奇（Dušan Tadić）領軍，中場有身體強悍又能進攻的米林科維奇薩維奇（Sergej Milinković-Savić），鋒線有進球效率穩定的米特羅維奇（Aleksandar Mitrović），技術全面的年輕天才拉霍維奇（Dušan Vlahović），未來的表現更是備受期待，過去那個動盪不安的局勢已經緩和，新一代的塞爾維亞逐步成型，王朝的崩解固然令人惋惜，但是也許新的一代能夠拋開過去的陰霾，更純粹更無慮的享受足球，既繼承了前南斯拉夫的美麗過去，也能踢出屬於他們的全新篇章。

●白色少女峰——

瑞士

Switzerland

白雪覆蓋的歐洲之脊

大家對瑞士的第一印象，肯定是在阿爾卑斯山環抱之下，永遠的中立國，事實上瑞士的中立主義是不得已而為之，在這個小國林立的山區，歷史上曾經受到許多大國的覬覦，彼此之間也長期互相攻伐，這裡有多個不同種族，也有不同的宗教信仰，但是後來發展出聯盟互保，乃至於成立聯邦，以停止內鬥一致對外，做為整個瑞士區域的共識，瑞士之所能夠遺世獨立，跟他們在貧瘠土地上培養出來的堅韌強悍，被高山之牆圍繞保護，乃至於對於國家的發展有共同的目標，都有密不可分的關係。

瑞士的足球發展得非常早，早在十九世紀末，就由英國商人將足球運動帶到這個歐洲的屋脊，一八九五年瑞士足協成立，共有四種縮寫，分別是ＡＳＦ，代表了法語 Association Suisse de Football 及義大利語 Associazione Svizzera di Football，ＳＦＶ代表了德語 Schweizerischer Fussballverband，最後是ＡＳＢ，即羅曼什語的 Associaziun Svizra da Ballape，瑞士足協的標章同時使用ＡＳＦ及ＳＦＶ的字母線條，這也是瑞士多元融合的體現。

平淡的足球先行者

國際足總有八個創始國，分別是比利時、丹麥、法國、荷蘭、瑞典和瑞士，西班牙當時還沒有成立足協，以馬德里俱樂部為代表，而德國因為來不及參加成立大會，只用電報的方式表示願意加入，瑞士可說是國際足壇的先驅，然而在這些國家之中，不論是在世界盃，或是在歐洲國家盃，瑞士的成績都是最差的，從來沒有拿過任何一座大賽冠軍，如果以在歐洲區的表現，瑞士可說是乏善可陳，竟然一直到一九九六年才首度踢進歐洲國家盃，最好的成績是在二〇二〇年歐洲國家盃進入八強，這也是史上僅有的一次。

瑞士在世界盃曾經有三次進入八強，一九五四年世界盃在瑞士舉行，憑藉著強大的地主優勢，原本被期待能有所突破的瑞士，最後也僅僅踢進八強，而這竟然是瑞士在世界盃上最後一次較為出色的表現，若是以瑞士在大賽的戰果來看，很難說得上是足球強權，但是如果仔細比對，會發現瑞士總共參加過十二次的世界盃，在全球所有國家中，排名第十二名，也因為如此，瑞士的世界排名其實並不差，甚至曾經世界排名第三，因為他們總是能在重要的資格賽拿到積分，如果要具體的形容，那麼瑞士在世界盃的角色，可以說是「頻繁的參賽，穩穩的淘汰」。

一代傳奇名帥

瑞士雖然不曾贏得過像樣的獎盃，但在足球的貢獻度絕對不亞於任何國家，一九三一年，一名奧地利職業足球員拉潘（Karl Rappan），加盟了瑞士的Servette FC，後來他愛上瑞士並在此定居，前後總共四度執教瑞士國家隊，兩度帶領瑞士踢進世界盃，並且在國際賽場上贏得二十九場勝利，至今仍是瑞士國家隊勝場數最多的教練，更重要的是他創造出來的足球新觀念，改變了後來的世界足壇。

拉潘在WM陣型（備註：增加一名後衛抗衡攻方的中鋒，及平衡攻守的陣勢）風行於世界的時候，提出了一個大膽的想法，那就是讓出中場的控球權，把一名球員往後撤到後防線的後方，這個方式有效的彌補那些實力較差的球員的防守問題，是第一個使用四後衛的陣型，這名後撤的球員被俗稱為「清道夫」（sweeper），台灣俗稱為「掃把腳」，後來成為義大利知名的防守戰術「十字聯防」（catenaccio）的核心，而這個概念傳入德國之後，衍生出「自由人」（libero）的踢法，可以說，瑞士所發展出的防守體系，深深影響整個足球的戰術發展。

民族的新融合

有人是這樣形容瑞士的：這裡有不想當法國人的法國人、不想當義大利人的義大利人、不想當德國人的德國人，用來形容夾在三個大國之間的瑞士，可說最貼切不過了，但是在一九九〇年之後，瑞士出現了新的民族問題，由於瑞士的勞動人口不足，每年都會引進大批東歐的勞力，瑞士八百萬左右的人口，大約有四分之一，只是在瑞士工作的外籍人士，其中有五十萬人來自南斯拉夫，有很大的一部分來自前南斯拉夫的科索沃。

瑞士人沒有想到南斯拉夫在短時間內迅速解體，有大批的前南斯拉夫人滯留在瑞士，基於人道立場，許多人就這樣留在瑞士繼續他們的工作，雖然瑞士的國籍是出了名的難以取得，但是陸陸續續還是有許多人透過各種方式，逐漸長久的居住在瑞士，到了二〇一〇年之後，這些移民也已經進入第二代甚至第三代，許多右翼保守的瑞士人，對這些移民有很多的歧視與霸凌，這些移民被迫離開自己的家鄉，但是時間一久，也很難離開瑞士的工作與生活，在足球場上追求共同的目標，來各自取得對方的認同，就成了一個重要的方式。

全歐洲組成的新聯邦

現任瑞士總教練穆拉・雅金（Murat Yakin）跟他的弟弟哈坎・雅金（Hakan Yakın），正是第一批融入瑞士足球的樣板，兩人是二〇〇〇年至二〇一〇年這十年間瑞士隊的主力，與後來的中場大將因勒（Gökhan İnler），都是來自土耳其的移民，貝拉米（Valon Behrami）來自科索沃，澤麥利（Blerim Džemaili）來自馬其頓，後防大將久魯（Johan Djourou）則是來自象牙海岸，國家隊中湧現的大批移民球員，組成了當時整個瑞士國家隊的骨幹。

再看看現在瑞士的主力陣容，奈及利亞裔的阿坎及（Manuel Akanji）、葡萄牙裔的費南德斯（Edimilson Fernandes）、克羅埃西亞裔的加夫拉諾維奇（Mario Gavranović），當然還有最知名的瑞士雙星，薩卡（Granit Xhaka）與夏奇里（Xherdan Shaqiri），具有阿爾巴尼亞及科索沃國籍，他們很多已經是在瑞士出生長大，雖然瑞士還是有不少反對移民的聲浪，但是當瑞士成功進軍淘汰賽的那一刻，整個瑞士歡聲雷動，這時候再也沒有人去計較你的父母來自哪個國家，大家都是為了瑞士的榮耀而戰，瑞士曾經是個三大種族的熔爐，現在只是把它擴大到整個歐洲乃至整個世界而已。

少女峰上的風景

少女峰（Jungfrau）雖然不是阿爾卑斯山系最高的山峰，但是卻被認為是最美的阿爾卑斯山，少女峰與旁邊的另外兩個艾格峰（Eiger）與僧侶峰（Mönch），聯袂組成一道永恆冰封的高牆，曾經被歐洲人認為是不可能攀登的高峰，一直到十九世紀，才由登山家邁耶爾兄弟（Johann Rudolf Meyer and Hieronymus Meyer）聯手征服，一八九六年瑞士人更是異想天開的興建少女峰鐵道，沒想到竟然真的完成這個不可能的任務，在一百多年後的現在，要登上少女峰已經不是太難的事情。

瑞士的足球跟這個國家的背景極其相似，雖然看起來弱小，但總是能以硬朗的防守來拖垮對手，有時候，你甚至會覺得他們是一堵高牆，在二〇二二年卡達世界盃歐洲區資格賽，瑞士在八場比賽中僅僅丟掉兩球，以穩健的姿態，淘汰同組的現任歐洲冠軍義大利，過去戰績總是平淡無奇的瑞士，一如往常的搭上往卡達的班車，但這次，他們又帶著新的血液、新的夢想而來，登上少女峰，可以看到整個瑞士的精華谷地，看到誕生新民族的搖籃，而站在世界盃的舞台上，他們又會看到什麼呢？

非洲縮影——喀麥隆

Cameroon

3° 51′ 28″ N 11° 31′ 05″ E

大陸的轉角

打開地圖檢視喀麥隆的位置，正好位在幾內亞灣的轉角，往北跨越沙漠可以抵達阿拉伯世界，往西是物產豐富的西非海岸線，本身有廣大的熱帶雨林地景，還有火山與莽原，這裡的地質、地形，動植物的種類，乃至於人類族群的多樣化，不管是人文、地理，許多非洲的風貌在這裡都可以找到，因此也被稱為小非洲。

西非的幾內亞灣區，有知名的「胡椒海岸」、「象牙海岸」、「黃金海岸」，而喀麥隆則是被稱為「奴隸海岸」，顧名思義，這裡曾經是奴隸交易最興盛的地區，在喀麥隆西海岸的大城林貝（Limbé），曾經是世界上最大的奴隸市場之一，從十五世紀葡萄牙人登陸以來，就不停的先後遭到歐洲人掠奪咖啡、橡膠各種物資，喀麥隆後來成為德國的保護地，一次大戰後，被英、法兩國瓜分，英國屬地的一部分劃入了奈及利亞，一部分割入現在的喀麥隆，這也留下了之後喀麥隆國內的一些分裂主義問題。

改變法國足球的英雄

被殖民國家的足球運動發展，通常受到殖民母國的影響，但是在喀麥隆，他們反過來影響了法國足球的歷史，雖然在二十世紀早已經沒有奴隸買賣，但是喀麥隆依舊是法國廉價勞力的來源，這也包括了足球員，二次大戰之後，法國的職業足球運動興起，許多非洲足球員來到法國，這是一種雙向需求，非洲球員希望能夠在這裡揚名立萬，一舉改善貧困的生活，而法國聯賽希望用低廉的薪資，來擴大他們球隊的陣容。

在這樣的背景下，一九五四年喀麥隆球員恩卓利亞（Eugène N'Jo Léa）來到法國討生活並加入了聖艾蒂安足球俱樂部（Saint-Étienne），當時法國足球聯賽對於球員的勞動條件非常苛刻，對於非裔球員更有許多剋扣薪資或是霸凌的事件出現，於是恩卓利亞在一九六一年與世界盃史上最偉大射手之一，法國的方丹（Just Fontaine），一起發起成立法國職業足球員聯盟（National Union of Professional Footballers），代表球員爭取各種勞動權益，改變了整個法國的足球生態。

一個來自喀麥隆的年輕人，解放了殖民母國法國足球運動員「奴隸」般的勞動條件，這在歷史上實在是一次令人感動的文明反向輸出，恩卓利亞是第一批在法國聯賽成為明星的非洲球員，打開了非洲球員旅歐的道路，保障了許多球員的生活，但是歷史往往也是同樣的諷刺，當恩卓利亞回到喀麥隆，想要把同樣的制度帶回祖國時，卻受到許多的阻撓甚至迫害，無力改變自己家鄉的環境。

神奇大叔

恩卓利亞開通了喀麥隆前往法國的道路之後，米拉（Roger Miller）是眾多的受益者之一，他在二十五歲時挑戰法國聯賽，一開始的旅外生涯並不算特別出色，後來才漸入佳境，在一九八二年代表喀麥隆挑戰世界盃的時候，已經三十歲，喀麥隆首度的世界盃演出並不理想，三場小組賽都沒有獲勝，僅攻入一個進球，喀麥隆在一九八六年再度挑戰世界盃失敗的時候，米拉已經三十四歲，稍後他也宣布退出國家隊，結束他的國家隊生涯。

但是當喀麥隆成功踢進一九九〇年世界盃之後，喀麥隆總統保羅・比亞（Paul Biya）親自打電話給米拉，希望他能回到國家隊的陣容之中，原本希望三十八歲的米拉能夠起到精神領袖的作用，但是他的功用顯然遠超預期，米拉在這屆世界盃攻進四球，成為世界盃史上最年長的進球者，並且把喀麥隆帶進八強，面對當時冠軍呼聲極高的哥倫比亞時，他在延長賽連進兩球，第一球在左路連過兩人之後左腳推射，攻破哥倫比亞傳奇守門員伊吉塔（René Higuita）把守的大門，第二球他在高速壓迫下，從伊吉塔腳下抄球，完成一次漂亮的就地反搶反擊。

米拉的傳奇並沒有結束，四年之後的美國世界盃，米拉再度在喀麥隆全國人民的簇擁之下，披上國家隊的戰袍，雖然喀麥隆在小組賽就被淘汰，但是米拉在史丹佛球場，以四十二歲的高齡刷新自己所保持的最年長進球紀錄，至今仍然無人能夠打破。

足球發展停滯不前

喀麥隆一躍成為國際級的足球強權，足球人才也源源不斷出現，同時還擁有大批的球迷，知名日劇《Hero》中木村拓哉所扮演的主角久利生公平，人物設定便是喀麥隆的球迷，他要求松隆子背出喀麥隆球員的名字，當中就不乏像艾托奧（Samuel Eto'o）、宋（Rigobert Song）這樣舉世聞名的巨星，喀麥隆曾經是非洲足球的領頭羊，與奈及利亞並列為非洲希望，然而在米拉之後，再也無法從世界盃的小組賽晉級。

喀麥隆雖然在形式上是個有民主選舉的共和政體，但是除了都會地區，實際上是由許多分散的小王國所統治，城鄉差距極大，許多地方不但缺乏建設，甚至還停留在部落時期，而且政府的貪污現象極為嚴重，造成國家隊的選拔充滿不公，足球的發展經費也多次出現遭到挪用的現象，同樣的，二〇〇二年日韓世界盃，喀麥隆曾經發生過球員對於薪資不滿拒絕出場的事件，二〇一四年則是因為賽前約定的出賽獎金沒有發放，球員在機場拒絕登機前往巴西，最後喀麥隆緊急借款，才得以順利參賽。

問題不斷的非洲雄獅

喀麥隆幾乎就是許多非洲國家的縮影，在政治上紛擾不斷，國內部落林立、種族與宗教的衝突、官員貪污嚴重，導致經濟發展與基礎建設停滯不前。非洲人擁有驚人的運動天賦，在足球場上有優異的表現，但是卻出現了前往歐洲發展的傑出球員，在國外取得成功之後，又與國內落後的組織文化無法配合的奇特現象，即便陣容一字排開，名單上都是赫赫有名的球星，實際上卻無法形成戰力，甚至連出賽都成問題。

喀麥隆在二〇二二年世界盃資格賽，與實力堅強的象牙海岸分在同一個小組，最終十強淘汰賽則是碰上阿爾及利亞，籤運其實並不太好，依舊能夠過關斬將，但是要在世界盃有所突破，恐怕沒那麼容易，雖然整體實力不差，可是在黑豹艾托奧退休之後，喀麥隆暫時沒有真正的大牌球星壓陣，在關鍵賽事缺乏經驗，會是極大的考驗。

新一代的夢想起步

艾托奧退休之後，非常積極的投入喀麥隆足協的選舉，並且在二〇二一年順利當選了主席，這很可能是喀麥隆足球史上最大的改革契機。艾托奧在國家隊的進球數超越米拉成為史上第一，他的國家隊出賽場次數僅次於現任總教練宋，他曾經代表過皇家馬德里、巴塞隆納、國際米蘭三支豪門拿下三次歐冠冠軍，艾托奧不僅僅是喀麥隆最成功的足球員，甚至可以說是全世界最成功的足球員之一，更重要的是，他只有四十一歲，而且腰纏萬貫，既充滿了理想與抱負，也沒有貪污腐敗的動機，唯一的想法就是想要改革喀麥隆的足球體系。

艾托奧找來了自己的老隊友宋，擔任國家隊總教練挑戰卡達世界盃，宋曾經與米拉在一九九四年的世界盃一同奮戰，如今又與另一名老隊友艾托奧形成新的喀麥隆足壇黃金搭檔，人們都期望這樣的組合能在更多非洲國家出現，喀麥隆過去是非洲足球問題的綜合體，未來或許也是解決非洲足球問題的模範。

世界的盡頭——

葡萄牙

Portugal

歐洲的極西之地

在航海還不發達的年代，大西洋是一片不可逾越的屏障，位於歐洲大陸最西側的葡萄牙，被許多人認為是世界的盡頭，即便是後來人們發現海的另一端有全新的世界，位於葡萄牙的羅卡角（Cabo da Roca），依舊是人類歷史上最偉大的景點之一，葡萄牙最偉大的詩人賈梅士（Luís Vaz de Camões），在這裡留下了著名的詩句：

「陸止於此，海始於斯」（Onde a terra acaba e o mar começa）

面對海洋讓葡萄牙人有著廣闊而偉大的想像，人類許多重要的航海冒險由此展開，人類史上最偉大的航海家，幾乎有一半是葡萄牙人的名字，葡萄牙王子恩里克（Infante D. Henrique）不但自己是偉大的航海家，還建立了世界第一所航海學校，第一個發現好望角的迪亞斯（Bartolomeu Dias）、第一個從歐洲航向印度的達伽馬（Vasco da Gama）、第一個發現巴西的卡布拉（Pedro Álvares Cabral），包括世界上最早完成環球一周航行的麥哲倫船隊，船長麥哲倫（Fernão de Magalhães）也是葡萄牙人。

多元文化與冒險精神

葡萄牙的足球與這個國家的歷史極其相似，也許葡萄牙建立的海洋帝國遠不如大英帝國龐大，遠不如西班牙無敵艦隊有名，但他們總是有最強的冒險精神，是地理大發現時代的先趨，葡萄牙足球每個世代都會出現挑戰世界的英雄，葡萄牙同時也是最早實現在足球場上多元文化的國家之一，自古以來，伊比利半島經歷多次的外族入侵，還一度成為阿拉伯文化區的一部分，雖然葡萄牙是個宗教跟種族都頗為單一的國家，但在這裡生存的少數穆斯林、非洲裔、巴西裔，乃至於來自全球殖民地的居民，都能得到很好的發展機會。

葡萄牙聯賽也是許多南美與非洲球員的天堂，葡萄牙的生活環境優良、物價低廉，對於外來移民友善，同時語言相近，許多拉丁美洲或是非洲球員，旅歐的第一站都是先到葡萄牙，葡萄牙聯賽的球風快速、開放，也不吝於給一些風格獨特的球員機會，因此成為了歐洲各大聯賽的人才寶庫，有些人會調侃葡萄牙是足壇「黑店」，許多球員低價來到葡萄牙，最後以天價轉往其他國家，事實上，應該說葡萄牙的球會眼光獨到，又擅於發掘別人所看不到的優點，最後才能將這些原石打造成價值連城的珠寶。

國家英雄尤西比奧

一九六〇年代，葡萄牙足球史上誕生了第一位超級巨星，他就是綽號「黑豹」的前鋒尤西比奧（Eusébio da Silva Ferreira），他出生於葡萄牙在非洲的屬地莫三比克，就跟他的名號一樣，他的速度驚人，一對一的把握能力極強，而且進球的技術非常全面，幾乎沒有人能擋下全力奔跑的尤西比奧，在效力本菲卡期間，為球隊拿下了兩座歐冠冠軍，一九六五年尤西比奧在世界盃歐洲區資格賽的六場比賽踢進六球，帶領葡萄牙首度闖入世界盃，他同時也拿下當年的金球獎，成為史上第一位非裔世界足球先生。

一九六六年英格蘭世界盃，尤西比奧繼續大放異彩，葡萄牙以小組全勝的佳績進入淘汰賽，沒想到碰到當年的超級黑馬朝鮮隊，開賽才二十五分鐘，葡萄牙就已經處於三球落後，尤西比奧從第二十七分鐘開始大開殺戒，比賽第五十九分鐘他就已經連進四球，完成超級大逆轉，最後葡萄牙就以五比三後來居上。

四強賽面對有地主優勢的英格蘭，葡萄牙氣力放盡，最終敗給後來的當屆冠軍英格蘭，只拿下了季軍，葡萄牙第一次參加世界盃就拿下了史上最佳成績，尤西比奧在當時也被認為是巴西球王比利唯一的對手。二〇一四年尤西比奧逝世，葡萄牙以國殤之禮對待，全國哀悼三日，同時他也被選為葡萄牙史上最有貢獻的十五名偉人之一，這種對運動員的崇敬規格，在世界上絕對極為罕見，顯示了足球在葡萄牙的崇高，顯示了葡萄牙人對足球員的膜拜。

黃金一代交棒

在尤西比奧之後，有長達二十年的時間，葡萄牙在足球領域陷入了黑暗期，直到一九八七年U16世界盃上，菲戈（Luís Filipe Madeira Caeiro Figo）率領葡萄牙拿下季軍，兩年後，他跟科斯塔（Rui Manuel César Costa）聯手贏得U20世界盃的冠軍，這個跨越大約四到五歲的世代，被喻為是葡萄牙百年來最有天份的一批，從守門員到中前場，出色的人才輩出，他們從一九九六年歐洲國家盃開始就受到全世界球迷的期待，但是令人遺憾的是，黃金一代的表現一直不如人意，到了二〇〇四年歐洲國家盃才踢出像樣的成績，卻在決賽中敗給完全不被看好的黑馬希臘。

二〇〇六年世界盃，年輕的西羅（Cristiano Ronaldo）與即將退休的菲戈，聯手出擊，終於把葡萄牙帶到四強，但是此時的西羅尚顯稚嫩，菲戈則是已經廉頗老矣，依舊沒能打破尤西比奧在世界盃所創造的最佳成績，不過跟當年相比，葡萄牙的實力更為全面，以西羅為首的新世代正在成長，這次的失利，或許只是葡萄牙的一次權杖交接儀式而已，但不免讓人稍微感到失落的是，黃金一代那種優雅又充滿變化的球風，是如此的令人難以忘懷。

西羅背水一戰

第三代接班的葡萄牙，實力比黑豹時期以及黃金一代更為雄厚，球員來自四面八方，選手普遍在各頂級聯賽效力，還有從巴西歸化的選手助陣，包括中場大師德科（Deco）還有後防線上的佩佩（Pepe）等，貝羅索（Miguel Veloso）跟穆提尼奧（João Moutinho）

的雙子星組合也正冉冉上升，加上逐漸成熟的西羅，這樣的陣容怎麼可能不讓人期待。

一轉眼十年過去，西羅跟菲戈穿著同樣的背號，踢著同樣的位置，扛起了帶領球隊前進的責任，卻好像走上了同一條迷茫的道路，充滿了球星的葡萄牙，並沒有令人耳目一新，一直到二〇一六年歐洲國家盃，總算為葡萄牙拿下史上第一座大賽冠軍，這已經是前輩所未能達到的成就，但是在世界盃上，葡萄牙依然沒有拿出足以令人信服的戰果，連續三屆連十六強的門檻都無法跨越，這次，或許變成西羅必須背水一戰的時刻。

一代又一代的遠航

前往卡達的路並不順遂，葡萄牙在資格賽的小組賽，落在塞爾維亞之後，以第二名的成績，必須進行附加賽，同組有土耳其、義大利、北馬其頓，原本的假想敵將會是衛冕歐洲冠軍義大利，結果沒想到在擊敗土耳其晉級之後，面對的是淘汰義大利的北馬其頓，有些人覺得葡萄牙得到幸運之神的眷顧，有人先幫他們淘汰了強敵，但真正懂得足球的人，就知道葡萄牙今天的成就，需要經過多少的努力，一場比賽的結果有可能是幸運，但是要走到今天的位置，那是需要一代又一代的累積。

現在的場景似曾相識，正如同二〇〇六年的菲戈一樣，跟西羅同時期的球員，幾乎都已經退役，西羅正帶領著一個比他年輕十歲的團隊挑戰世界盃，不管比賽的結果如何，都會是他把棒子交出去的時候，就跟過去所有的前輩一樣，接下來還會有更多的天才湧現，因為這是一個鼓勵冒險的國度，葡萄牙人總是前仆後繼的向大海航去，尋找更寬廣的世界，因為即便到了世界的盡頭，他們也不會放棄往前行。

金色海岸線——

迦納

Ghana

5° 36′ 13″ N 0° 11′ 13″ W

西非的矛盾之地

翻開非洲大陸的地圖，你會發現在西非有一個大海灣，這裡被稱為幾內亞灣，十五世紀葡萄牙人在尋找通往印度的海路時，開始用心經營這片地勢平緩的海岸，歐洲人發現這個撒哈拉沙漠以南的國度蘊藏著豐富的物產，因而由西向東，將海岸取名為「胡椒海岸」、「象牙海岸」、「黃金海岸」、「奴隸海岸」，迦納，就是那個人們曾經熟悉的非洲黃金之國。

這裡是世界上最重要的黃金生產國之一，雖然迦納人生活在黃金之中，每年都有來自全世界的淘金客瘋狂湧入，但諷刺的是，許多迦納人卻一生擺脫不了貧窮，雖然最近的二十年迦納的經濟有所改善，成為西非諸國中，整體發展名列前茅的國家，但是整體而言，迦納的生活水準依舊在貧窮線徘徊，憑藉著良好的先天身體條件，許多孩子夢想成為職業足球員，以求擺脫困境。

獨立成為新霸主

十九世紀世界列強鯨吞蠶食瓜分非洲，英國人逐步佔領了現今迦納一帶的領地，並且把足球運動也帶到迦納，一九五七年迦納宣布獨立，迦納足協隔年加入國際足總，他們在一九六二年的一場友誼賽中，與西班牙豪門皇家馬德里戰成平手，證明了他們的實力，在接下來的四屆非洲國家盃，他們先是連續兩屆拿下冠軍，接著兩次獲得亞軍，在七年內四度踢進非洲國家盃決賽，一時之間，這支非洲新成立的隊伍，幾乎稱霸整個非洲。

迦納的球員普遍體格壯碩，而且有極佳的爆發力，在足球場上確實有先天上的優勢，但是在非洲國家盃踢得如此順利，同一批球員在世界盃資格賽卻顯得運氣欠佳，他們第一次能夠踢進世界盃，已經是二〇〇六年的事情了，從一九六二年走入國際足壇，一直到二〇〇六年的四十四年之間，迦納總共拿到了四次非洲冠軍、三次亞軍，卻從來沒有從世界盃非洲區資格賽脫穎而出，這不是他們應該擁有的結果。

問題錯綜複雜的迦納足壇

迦納球員的足球天份無庸置疑，但是整個國家的制度與文化，卻影響迦納足球的穩定性，首先迦納名義上是共和國，但至今仍然是個部落林立的國家，地方政治倚靠的是許多酋長與半獨立的小王國，這讓迦納整體性的發展受到限制，同時也影響到教育、文化等層面，迦納的足球員極有天賦，可是在國外效力的球員，在個人紀律與戰術觀念上，卻受到垢病，這就讓迦納足球隊的戰績有忽高忽低的現象。

其次是迦納的貪腐問題嚴重，包括政府的體育主管機關，還有掌握國家隊組成的迦納足協，迦納在進入二十一世紀後兩度因為貪腐問題解散足協，還發生過記者揭發足協弊案後遭到槍殺的案件，震驚全球，但是可以想見的是更早的幾十年問題肯定更為嚴重，只是沒有被重視，過去迦納足協多次虧空公款，甚至積欠球員薪水，經常引起爭議，雖然這在非洲國家不是什麼罕見的事情，但是對於擁有大批優秀球員的迦納來說，因為行政上的各種弊端，影響到球隊的成績，可說相當可惜。

阿尤家族國家隊

足壇的兄弟檔、父子檔不算少見，但是整個家族都是國腳的，大概只有迦納的阿尤家族，一九八〇年代迦納出現一名天才少年，他在一九九二年以主力前鋒的身份，幫助馬賽隊拿下了歐冠冠軍，由於他的球風與巴西球王非常類似，所以被稱為非洲比利，他也因此將自己的球衣名稱改為阿貝迪・比利（Abedi Pele），很多人已經忘了他的本名叫做阿貝迪・阿尤（Abedi Ayew），而他正是阿尤家族在迦納的第一位成名人物。

他的弟弟科瓦梅・阿尤（Kwame Ayew）及索拉・阿尤（Sola Ayew）也先後入選了迦納國家隊，他的三個兒子，伊布拉欣・阿尤（Ibrahim Ayew）、阿德列・阿尤（André Ayew）、喬丹・阿尤（Jordan Ayew），也都是國家隊的主力球員，其中阿德列・阿尤與喬丹・阿尤跟父親一樣，成名於馬賽，最後登陸英超，兩人也是近年來迦納的絕對主力，在二〇一〇年及二〇一四年的世界盃上大放光芒，阿尤家族在後衛、防守中場、進攻中場、邊鋒、前鋒位置上面，都有人為國家隊效力，幾乎可以組出一支國家隊的陣容。

天才的產地

迦納出現過無數的足球天才，有一個名字應該被世人所熟記，他的名字叫做科斯泰德（Erwin Kostedde），他是德國史上第一位非洲裔國腳，他正是來自迦納的移民，他在一九七一年入選了德國國家隊，但是卻受到了種族歧視的對待，當他在場上時，飽受觀眾的噓聲，在場外，連在餐廳用餐都被店家拒絕，他沒有留下太亮眼的成績，但是他打開了有色人種進入德國國家隊的大門，陸續有來自波蘭、巴西、西班牙、土耳其、迦納等不同地區的移民成員入選德國國家隊，後來還出現了傑洛梅・博阿騰（Jérôme Boateng）與凱文普林斯・博阿騰（Kevin-Prince Boateng）兄弟，分別選擇效力德國與迦納兩支不同國家隊，並在二〇一〇年世界盃兩隊對決的場次中，上演兄弟鬩牆、兵戎相見的戲碼。

熟悉足球的朋友，一定知道在九〇年代拜仁慕尼黑的後防大將庫佛（Samuel Kuffour），幫助英超切爾西建立王朝的中場悍將埃辛（Michael Essien），在義甲揮灑天份的阿皮亞（Stephen Appiah），在南非世界盃引領迦納前進，最後ＰＫ大戰敗給烏拉圭後倒地痛哭的吉安（Asamoah Gyan），他們都有同樣的特色，迅速、強悍、拼命、積極，這些偉大的球員有著同樣的風格，同樣來自這個西非的足球國度。

重新閃耀的黑色之星

二〇〇六年闖入世界盃之後，迦納連續三屆都能順利參賽，二〇一八年在迦納足協醜聞不斷、動盪不安的情況下，在小組賽僅僅排名第三，中斷了晉級之路，經過將近三年的重整，整個迦納足協官員幾乎全部更換，連各級國家隊的教練也做了大幅變更，擺脫了行政事務的困擾，比賽也重新步入正軌，二〇二二年非洲區世界盃資格賽，迦納從小組晉級後，碰上的是另一支非洲強權奈及利亞，在不被看好的情況下，連續兩場比賽都逼和對手，最後以客場進球優勢，成功淘汰對手，拿到通往卡達的鑰匙。

在迦納的國旗與足協徽章上，都有一顆黑色的星星，這是迦納獨立時，所成立的一家船運公司，這是向美國人權運動家加維（Marcus Garvey）所建立的黑星船運公司（Black Star Line）致敬，這家公司的宗旨是建立一條由非裔民族經營的航線，連結美洲與非洲大陸，擺脫白星船運（White Star Line，知名的鐵達尼號的母公司）對非裔勞工的剝削與壟斷，其背後的意義是主張打破對非裔的膚色歧見，讓所有種族能夠一律平等。

這兩家公司後來因為各種因素，現在都已不復存在，只有黑色的星星依然懸掛在迦納的各種旗幟之中，迦納國家隊也因為他們的標誌，而被暱稱為黑色之星，黑色並不代表黑暗，因為這個夢想會一直存在，總有一天會在這裡實現，迦納會成為一個繁榮而平等的國度，迦納的足球也會像那些在黃金海岸所淘出的金沙一樣，讓黑色的星星閃耀出燦爛的光芒。

最初的王者——

烏拉圭

Uruguay

與眾不同的星星

大家都知道，曾經贏得過世界盃的國家，可以在自己的球衣上面，繡上代表榮譽的星星標記，足球王國巴西曾經五度奪冠，所以在胸前有五顆星星，足球祖國英格蘭，至今仍然只有繡上一顆星的資格，而烏拉圭是個特別的存在，他們曾經兩度在世界盃奪冠，但是胸前卻有四顆星星。

這個特例是因為在世界盃創辦之前，烏拉圭就已經在奧運會的足球項目贏得過兩面金牌，烏拉圭認為在還沒有世界盃的年代，奧運會的金牌就等於是世界冠軍，所以在胸前多繡上兩顆星星，而國際足總也同意這樣的做法。

地處大國之間

提起南美的大國，大家都會想到巴西與阿根廷，烏拉圭除了地理位置夾在兩國之間，在歷史上確實也是葡萄牙與西班牙殖民者所爭奪的交界地，最早是由葡萄牙人發現這塊土地，後來在與西班牙人的爭奪之中失利，被納為西班牙的殖民地，由於位在烏拉圭河東岸，所以又被稱為東岸之地，事實上，現在的烏拉圭國名全文為República Oriental del Uruguay，也就是烏拉圭東岸共和國，只是平日我們習慣簡稱為烏拉圭。

雖然烏拉圭的人口不多，但是烏拉圭的經濟發展相當穩定，不論是人均所得、社會治安、科技發展，都是南美洲的頂尖，甚至在人權、自由度、性別平等等個方面的指數，烏拉圭都在全球名列前茅，談到足球，烏拉圭同樣也不會輸給另外兩個以足球聞名的大國，在烏拉圭除了教育普及識字率高之外，受到足球訓練的人口比例也是極高，這裡幾乎每個孩子都會踢足球，在曾經贏得世界盃的國家之中，烏拉圭是人口數最少的一個，只有三百多萬人。

憲法一百周年的勝利

在足球運動剛剛起步之時，並沒有大規模的正式國際比賽，烏拉圭雖然也是最早發展足球的國家之一，但是大多數的比賽都在烏拉圭與阿根廷之間進行，成立於一九〇〇年的烏拉圭足協，在一九二三年才加入國際足總，奧運初期只是歐美人的活動（此處指美國人），雖然一九〇〇年就有了第一次的足球項目比賽，但是並沒有邀請任何南美洲的球隊參賽，一九二四年巴黎奧運，烏拉圭首度在歐洲亮相，就嚇壞所有人，以七比零大勝南斯拉夫，總計五場比賽攻進二十球，以秋風掃落葉之姿拿下奧運金牌。一九二八年荷蘭奧運，烏拉圭再次遠渡重洋，一路過關斬將，在決賽碰上另一支南美洲隊伍阿根廷，並擊敗宿敵完成二連霸。

一九三〇年國際足總主席雷米倡議成立世界盃賽事，並由連續稱霸奧運會的烏拉圭主辦，當時還有許多國家因路途遙遠而拒絕參賽，最後是安排了船隻將法國、比利時、南斯拉夫、羅馬尼亞四支球隊載送到烏拉圭，才順利舉辦。首屆世界盃南美國家依舊強勢，烏拉圭與阿根廷再度會師決賽，而烏拉圭也重覆演出在荷蘭奧運的戲碼，再度贏得勝利，成為了世界盃史上的第一任冠軍，而這一年，正好是烏拉圭立憲一百周年紀念，對於烏拉圭來說，這個冠軍特別具有意義，在還沒有世界盃的年代，奧運足球賽就是足球國際賽事的最高榮譽，可以說，在實際意義上，烏拉圭是完成了世界冠軍的三連霸。

錯失創造歷史的機會

一九三四年世界盃在義大利舉辦，烏拉圭身為衛冕軍有直接參賽權，當時許多國家聯手抵制德國納粹與義大利法西斯陣營，烏拉圭也選擇了加入抵制的行列，一九三八年世界盃在法國舉行，由於違反了當初世界盃由南美及歐洲輪流主辦的協議，烏拉圭與阿根廷聯手退賽表達抗議，最終南美洲只有巴西參加了該屆世界盃，然而一九二〇年到一九四〇年間，其實是烏拉圭足球最興盛的時候，連續因為各種因素無法參加世界盃，讓烏拉圭錯失許多創造歷史的機會。

二次大戰結束後，世界盃於一九五〇年在巴西重新舉辦，這也僅僅是烏拉圭第二次參賽，地主巴西對於冠軍可說是勢在必得，最後一場比賽是由巴西與烏拉圭對決，當時採取的是積分制，只要巴西收獲一場平局就可以拿到冠軍，結果巴西在先取得進球的情況下，被烏拉圭連追兩球而落敗，比賽結束時不敢置信的巴西球迷失望至極，巴西主辦單位的工作人員也全數離場，沒有舉行任何頒獎儀式，只留下國際足總主席雷米一個人，站在場中將獎盃頒給烏拉圭隊長巴雷拉（Obdulio Varela），這場比賽在巴西為了世界盃特地興建的馬拉卡納體育場（Estádio do Maracanã）舉行，巴西葡萄牙語甚至衍生了一個新的詞語「馬拉卡納悲劇」（Maracanaço）。

輝煌之後的沉寂

一九六〇年代開始，烏拉圭的足球發展開始被其他國家追上，國內的政治局勢也不穩定，烏拉圭利用軍隊鎮壓左派的游擊隊，雖然成功阻止了共產主義擴張，但是卻養大了軍人的野心，一九七三年烏拉圭出現軍事政變，開始長達十多年的軍事獨裁統治，經濟也陷入嚴重衰退，一九七四年之後，烏拉圭連續兩屆未能踢進世界盃，一九八四年烏拉圭人民示威革命，軍事政府下台，國家重新走回正軌，烏拉圭在一九八六年終於重新回到世界盃，但是足球的世界，早就與以往不同了。

烏拉圭不再是世界一級足球強權，在南美國家盃長期獨霸的地位，被宿敵阿根廷追趕上來，連世界盃的星星，也已經無法拿來跟巴西、阿根廷炫耀，在一九七八年到二〇〇六年的八屆世界盃中，烏拉圭有五屆止步於南美洲資格賽，二〇〇六年甚至在跨洲資格賽中恥辱性的被來自大洋洲的澳洲淘汰，曾經不可一世的最初王者，只能在資格賽中反覆掙扎。

平淡之中重新出發

烏拉圭在二〇〇〇年後湧現大批好手，雖然初期表現仍然有所起伏，但是以「三個迪亞哥（迪亞哥・佛蘭〔Diego Forlán〕、迪亞哥・盧加諾〔Diego Lugano〕、迪亞哥・戈丁〔Diego Godín〕）」為首的新世代已經嶄露頭角，他們建立了一個極為穩健的攻防體系，而且歷經了長期的配合，一起征戰，目前烏拉圭史上出賽場次最多的球員，幾乎都是這個世代，加上鋒線同時出現卡瓦尼（Edinson Cavani）與蘇亞雷斯（Luis Suárez）兩個世界級的前鋒，讓球隊擁有驚人的進攻火力。

二〇一〇年南非世界盃八強賽，出現極具爭議的一幕，比賽即將結束前，迦納出現了空門絕佳機會，烏拉圭前鋒蘇亞雷斯，在門前伸手將球拍出，雖然他因此被紅牌罰下，烏拉圭卻因此得以進入ＰＫ大戰，最後淘汰了迦納，有人認為這樣的行為不符運動精神，也有人認為既然在規則下已經被紅牌處罰，屬於戰術犯規的一部分，沒有什麼問題。

烏拉圭知名的足球教練維耶拉（Ondino Viera），在率領烏拉圭踢進一九六六年英格蘭世界盃的時候，曾經說過這樣的名言：

「其他國家有歷史，而烏拉圭有足球」（Other countries have their history. Uruguay has its football.）

能夠說出這樣的話，需要何等豪氣！無論如何，烏拉圭不可能憑藉一次犯規，就得以重新擠身世界盃四強，經過二十年的努力，他們的實力已經再度受到肯定，或許卡達會是幾位老將最後的演出機會，但是那種世界初代王者的霸氣，想必會繼續流傳下去。

판문각

北緯三十八度線——

Korea

韓國

37° 34′ N 126° 58′ E

分裂的半島

一八八二年，朝鮮發生「壬午軍亂」，隸屬英國皇家海軍東印度艦隊的飛魚號（Flying Fish）戰艦，負責護衛日本公使從仁川返回長琦，據說當時飛魚號的官兵，在仁川停留時，進行了一場足球表演賽，這也是現代足球第一次出現在朝鮮半島。雖然在一九一〇年日本併吞了整個朝鮮半島，但是足球運動還是在這裡生根萌芽，一九三五年，來自首爾的京城足球俱樂部（Kyungsung Football Club），參加日本天皇盃，並且奪下冠軍，對於當時被日本統治的韓國人來說，是一個極大的鼓舞，其中代表日本出賽一九三六年柏林奧運的金容植，就是效力於京城足球俱樂部，在二次世界大戰結束之後，他轉而為韓國國家隊效力，後來也執教戰後的韓國國家隊，被認為是韓國足球教父。

在日本統治時期，平壤與首爾就有固定的足球對抗賽，稱為「京平蹴球對抗戰」，一九五〇年韓戰爆發後，此一傳統不得不中止，南北兩地的足球發展，從此走上分庭抗禮的道路，朝鮮與韓國，各自上演各自的奇蹟，在不同的年代，讓全世界都看到朝鮮半島強悍的足球風格。

足球不只是足球

一九五四年的世界盃，韓國隊在瑞士只踢了兩場比賽，就被攻進了十六球，這個結果可以說是慘不忍睹，但是這對韓國來說，已經是無上的榮耀，因為在亞洲區資格賽，他們在東京以五比一大勝日本隊，即便第二回合以二比二平手，也無法掩蓋韓國淘汰日本的喜悅，韓國踩在日本的肩膀，成為史上第一支參加世界盃的亞洲球隊，這不僅僅是一席世界盃參賽資格這麼簡單，而是點燃了整個韓國民族主義，從此之後韓國從被日本殖民的弱者氛圍中重新崛起，足球也因而成為朝鮮半島最受歡迎與重視的運動，足球不只是足球，還是韓國人證明自己擺脫殖民陰影的證據。

一次的勝利顯然不足以讓韓國成為世界舞台的主角，接下來的三十二年間，韓國一直沒能取得更大的突破，一九六六年世界盃資格賽，韓國基於「漢賊不兩立」的原則，為了避免與朝鮮交手，宣布放棄參加在最終小組賽的賽事，小組賽另一支隊伍南非也因為種族歧視政策，被國際足總取消資格，最後變成朝鮮跟澳洲一對一決鬥，朝鮮在贏得勝利後，在英格蘭世界盃挺進到八強，演出史上最強黑馬的戲碼。

車範根的時代

車範根不是第一個在歐洲效力的亞洲人，但是他的影響力卻無與倫比，他很年輕就展現了足球天份，成為當時最年輕入選國家隊的球員，也被國際球探看中，但是因為韓國的法律，成年男子未服完兵役無法出國，當他服完三年兵役後，以運動員來說已經是高達二十六歲的高齡，不過他仍然吸引到德甲法蘭克福的注意，將他帶到歐洲足壇的最頂級賽事。車範根在法蘭克福完全展現他的能力，幫助球隊在一九七九至一九八〇年賽季，拿下了三大盃賽的 UEFA CUP 冠軍，一九八三年轉戰勒沃庫森，在一九八五年至一九八六年賽季拿下德甲最有價值球員，一九八七年至一九八八年賽季，他再度幫勒沃庫森拿下 UEFA CUP 冠軍，並在決賽中攻進關鍵的追平球。

他的貢獻不只是數據與獎盃，而是開啟了亞洲球員通往歐洲足壇的大門，他不但是德甲最佳外援之一，也被認為是二十世紀全球最偉大的足球員之一，一九八六年車範根率領韓國重新回到世界盃，從這一屆起，韓國再也沒有脫隊，參加了在此之後的每一屆賽事，車範根同樣為韓國國家隊搭起一座通往世界盃的橋樑。

跑得還不夠

韓國的足球可以稱雄亞洲，甚至進軍世界，有他們的獨到之處，韓國球員的身體對抗能力，比起日本或是東南亞球員，確實佔盡優勢，但是這並不足以讓他們與歐美球員的高大體格相抗衡，所以積極的跑動跟充沛的體能，就是他們賴以生存的法寶，加上足球運動對於韓國來說，已經是一種近乎民族主義旗幟的存在，每一場比賽都能發揮出高昂的鬥志，因此韓國隊即便在世界盃上不能說有多出色的成績，但是場面上總是不會讓對手輕鬆過關。

一九九八年世界盃是個重大的轉折，韓國在小組賽碰上了技術流的荷蘭隊，引以為傲的防守完全被撕裂，以五比零慘敗而歸，當時的總教練車範根也因此黯然下台，韓國戰敗後沒有找藉口掩蓋失利，反而是挖角荷蘭隊的總教練希丁克（Guus Hiddink）來擔任總教練，原本以為希丁克的到來會改善韓國球員的技術，沒想到他上任的第一個指示是認為韓國隊的跑動不夠多，防守不夠強悍，韓國隊要贏只有一個方法，那就是要跑得更多。

二〇〇二年希丁克帶領的這支韓國隊，完成了不可能的任務，從小組賽戰勝葡萄牙開始，十六強及八強賽一路面對義大利及西班牙，在一片爭議聲中把南歐三強都淘汰出局，韓國也是世界盃史上第一支，到目前為止仍然是唯一一支，非歐洲或南美洲球隊能夠踢進四強的隊伍。

江山代有天王出

日本與韓國都有大批球員在歐洲聯賽效力，但是兩者的特色略有不同，日本佔有球員數量上的優勢，幾乎各國各層級聯賽都有日本球員，組成兩套甚至三套國家隊陣容都不是問題，韓國數量略少，但是球員的實力出色，平均得到的評價較日本球員為高。

特別是每隔幾年就會出一到兩個天王級的人物，從曾經效力曼聯的朴智星，到現在熱刺的孫興慜，其他如具滋哲、黃喜燦、奇誠庸、池東沅、李青龍、朴周永，都達到其他亞洲國家旅歐球員難以企及的高度，韓國向來以旅歐的明星球員領軍，搭配國內出色的中後場球員，打法簡單快速，防守硬朗紀律性強，必要的時候由天王逆轉局面，雖然二〇〇二年的成就難以重現，但是碰上韓國的隊伍絕對會體驗到韓國的難纏，二〇一八年世界盃小組賽韓國對德國，孫興慜快如閃電的最後一擊，就是這種風格的展現。

創造新的天花板

韓國對於足球的兩股動力，都來自民族精神的鼓舞，一是南北分裂後，各自抱著足球的榮耀前進，一是結束殖民統治後，足球場上的勝利，象徵著韓國人的自強與獨立，二〇二二年卡達世界盃亞洲區資格賽，韓國毫無意外的順利一路晉級，亞洲已經不是韓國需要挑戰的目標，時隔二十年，世界盃重新回到亞洲，韓國至少希望能向二〇〇二年的成績致敬，而非如同過去幾屆，球員在場上拼得鞠躬盡瘁，哨聲響起後只能抱憾而歸。

韓國人向來不吝與敵人合作，藉此不停的學習與進步，在敗給荷蘭之後請來了希丁克，這次韓國前進卡達，總教練的身份也很特殊，是來自葡萄牙的名帥本托（Paulo

Bento），本托球員時期在國家隊生涯的最後一場比賽，就是二〇〇二年世界盃被韓國淘汰出局的那場比賽，但是如今他卻帶著韓國隊衝進世界盃，而且還要跟葡萄牙在小組賽碰頭，可能同樣要在第三輪與葡萄牙一戰定生死，只是這次站在另一側，這種故事，除了在足球的修羅場，還有那裡能看到呢？

國家圖書館出版品預行編目（CIP）資料

Road to World cup
足球應許之地：朝世界盃奔馳的人們與他們的國度 / 石明謹著. -- 初版. -- 新北市：堡壘文化有限公司出版：遠足文化事業股份有限公司發行, 2022.08
面；　公分. --（入魂；16）
ISBN 978-626-7092-57-6(平裝)

1.CST: 足球 2.CST: 運動競賽

528.951　111010286

入魂 16

Road to World cup
足球應許之地：朝世界盃奔馳的人們與他們的國度

作者　石明謹

堡壘文化有限公司 ——

總編輯	簡欣彥	行銷企劃	許凱棣、曾羽彤
副總編輯	簡伯儒	封面設計	萬勝安
責任編輯	簡伯儒	內頁構成	廖勁智

讀書共和國出版集團 ——

社長	郭重興
發行人兼出版總監	曾大福
業務平臺總經理	李雪麗
業務平臺副總經理	李復民
實體通路組	林詩富、陳志峰、郭文弘
網路暨海外通路組	張鑫峰、林裴瑤、王文賓、范光杰
特販通路組	陳綺瑩、郭文龍
電子商務組	黃詩芸、李冠穎、林雅卿、高崇哲、沈宗俊
閱讀社群組	黃志堅、羅文浩、盧煒婷
版權部	黃知涵
印務部	江域平、黃禮賢、李孟儒
出版	堡壘文化有限公司
發行	遠足文化事業股份有限公司
地址	231 新北市新店區民權路 108-2 號 9 樓
電話	02-22181417
傳真	02-22188057
Email	service@bookrep.com.tw
郵撥帳號	19504465 遠足文化事業股份有限公司
客服專線	0800-221-029
網址	http://www.bookrep.com.tw
法律顧問	華洋法律事務所　蘇文生律師
印製	韋懋實業有限公司

初版 1 刷 2022 年 8 月
初版 3.2 刷 2022 年 8 月
定價 新臺幣 480 元

ISBN　978-626-7092-57-6　eISBN(PDF) 9786267092668　eISBN(ePub) 9786267092675

40° 23′ N 3° 43′ W

9° 55′ 57″ N 84° 04′ 48″ W

52° 31′ N 13° 23′ E

35° 41′ 23″ N 139° 41′ 32″ E

4° 21′ 06″ E

45° 25′ 29″ N 75° 41′ 42″ W

34° 01′ 31″ N 6° 50′ 10″ W

45° 49′ N 15° 59′ E

15° 47′ 38″ S 47° 52′ 58″ W

44° 49′ 04″ N 20° 27′ 25″ E

46° 56′ 53″ N 7° 26′ 51″ E

3° 51′ 28″ N 11° 31′ 05″ E

38° 43′ 31″ N 9° 09′ 00″ W

5° 36′ 13″ N 0° 11′ 13″ W

34° 53′ 1″ S 56° 10′ 55″ W

37° 34′ N 126° 58′ E